ほどほどのすすめ

池田清彦
Ikeda Kiyohiko
早稲田大学名誉教授

強すぎ・大きすぎは滅びへの道

さくら舎

はじめに

「いい加減に」とか「適当に」とかいうコトバが、いつのころからネガティブな意味で使われるようになったか、寡聞《かぶん》にしてよく知らないが、本来はとてもよいコトバだったのではないだろうか。

「ほどほど」もまあ似たようなコトバだけれど、多少はポジティブな意味合いを帯びていると思われる。しかし、「悪いことはほどほどにしておけ」とは言っても、「よいことはほどほどにしておけ」という言い方はあまりしないようである。どうしてかしらね。

私は、悪いこともよいことも、共にほどほどにしておいたほうがベターだと思うけれど。そういうのは今日日《きょうび》あまり流行《はや》らないみたいだ。

しかし、よいことも悪いことも事後的にしかわからない。よいと思ってはじめたことが実はとんでもなく悪いことだったり、あるいは逆に悪いと思っていたことが結構役に立ったりと、そういうことはいくらでも起こる。

だから、リスクをヘッジするためには、何事もほどほどにしておいたほうが賢いんじゃないかと思う。

現在の日本を見ていると、政権をになう権力者たちは、憲法も法律も無視してやりたい放題なのに対して、組織の末端の人々や学校の児童生徒に対しては、些末《さまつ》なルールを押しつけて、「コンプライアンス」と称してとてもよいことのように喧伝《けんでん》されている。バカバカしいことこのうえない。

そもそも「コンプライアンス」とは命令遵守《じゅんしゅ》ということで、事のはじまりからして独裁者に都合のいいコトバなのだ。だから、命令される国民には「コンプライアンス至上主義」を押しつけるけれど、命令する権力者は「コンプライアンス」とは無縁と思っているのだろう。

そもそも、学校のクラスのような小さな集団では、明示的なルールはないほうがうまくゆくのである。

イギリスの人類学者ロビン・ダンバーは、人間が安定的な社会関係を維持できる集団の上限は、だいたい150人くらいであるという説を提唱した。これは「ダンバー数」と呼ばれ、組織が効率よく動くためには、組織の人数をダンバー数以下にしておいたほうがいいという。

ダンバー数を超える人数になると、お互いに相手の個性をよく認知できない人が現れて、タイトなコミュニケーションができなくなることが原因のようだ。

人類が農耕をはじめたのは1万年前以降のことで、それ以前の狩猟採集生活をしていた時代の集団の人数はおおよそ50人から100人。ダンバー数以下だったと考えられている。コトバはしゃべっていたが、文字はなく、明示的なルールももちろんなかった。情報は対面でのコミュニケーションによって伝えられ、集団の意思決定は、大人の構成員全体の話し合いで決められたにちがいない。

もちろん、年長者の指導的な人物はいたであろうが、独裁者というわけではなく、意見が合わなければ、集団を離脱して新しいコミュニティをつくることも可能であったろう。

お互いに相手の個性や得手不得手《えてふえて》もわかっていたから、「コンプライアンス」などなくとも組織の秩序は保たれていたのである。

ダンバー数以下の集団では、コトバのみならず、「ミラーニューロン」がコミュニケーションのツールとしてはとても重要である。

ミラーニューロンは、相手の感情に共感することに関与している神経組織で、人間では前頭葉《ぜんとうよう》に存在する言語中枢《ちゅうすう》であるブローカ領野《りょうや》と、側頭葉《そくとうよう》に存在する言語中枢のウェルニッケ領野の近傍《きんぼう》に位置しているといわれている。

ミラーニューロンを介するコミュニケーションは、お互いに納得ずくで話が進むため、「コンプライアンス」といった強権的なことは必要ないのである。

人類が農耕をはじめて定住するようになると、集落の人数は増大しはじめ、瞬《また》く間にダンバー数を超えてしまった。

集団が大きくなると、対面でのコミュニケーションだけでは集団の秩序を保つことができなくなり、文字が発明され、明示的なルールがつくられ、独裁的な権力者が出現して、「コンプライアンス」が重視されるようになったのである。

「コンプライアンス」は国民を戦争に駆り出したり、税金を取り立てたりするには便利だけれども、小さな集団に適用するとデメリットのほうが大きいのだ。

動物でも、対面ですべての成員がコミュニケーション可能な小さな集団では、秩序が保たれることがわかっている。学校のクラスのような小さな集団を、明示的なルールで律しようとすると、いやいや従う児童生徒が必ず発生して、先生はかえって苦労することになる。

ルールなどつくらなくとも、お互いの顔を見て適当にやれば、秩序は「ほどほどに」「いい加減に」保たれるのだ。

もちろん国家のような大きな組織では「コンプライアンス」は必要だ。それは権力者に勝手なことをさせないためだ。権力者は憲法と法律を遵守し、国民は適当にやるというのが、国のあり方としては理想なのである。

それとまったく反対の方向に傾いている日本は、残念だけれどこのままでは、いずれクラッシュを免れないと思う。

ウスバシロチョウの舞う高尾の寓居《ぐうきょ》にて

池田《いけだ》清彦《きよひこ》

目次◎ほどほどのすすめ——強すぎ・大きすぎは滅びへの道

大きいことはいいことか

先のことはわからない

第2章　人間は増えすぎた

第4章　その日暮らしでいいじゃない

生きることは不安定なこと

楽しく生きて、死んでいく

ほどほどのすすめ

――強すぎ・大きすぎは滅びへの道

第1章　ミクロとマクロのぶつかり合い

小さくて大きい世界

細胞のダイナミック・システム

ヒトの細胞の数は長いあいだ60兆個というのが定説だったが、近年になって37兆個説が有力になった。一口に細胞というけれど、ひとつひとつの生きている細胞の中には、ダイナミックなシステムが構築されていて、さまざまな分子が目まぐるしく動き回っている。まさにひとつの小宇宙で、細胞の研究者にとっては、そのダイナミック・システムをどう観察し分析するかが、最初の大きな課題となる。

超高性能の顕微鏡でくわしく細胞内を見ていくと、それらの分子を運ぶためのマイクロチューブル（微小管）が鉄道網のように張りめぐらされ、その上に分子モーターと呼ばれるタンパク質複合体がいっぱい乗っかっていて、分子を乗せて走り回っているのがわかる。

人間の身体は、1個1個にそんなダイナミックなシステムを持った細胞が、37兆個も集まってできているのだ。

器機の精度が低かった昔はそんなことはわからなかったから、細胞内のタンパク質の分子は単なる拡散運動（ディフュージョン）で自然に広がり、結果的に運ばれているだけかと思われていた。けれども、技術の進歩で顕微鏡の精度が高まったことから、そんな単純なものではないとわかってきた。

そうなると、今度は器械の精度の競争、つまりは金の勝負になってくるのは必定《ひつじょう》。なまなかな器械では、対抗できるわけがないからだ。ミクロの世界を解き明かすためには巨額な金が動くのである。

生物は面倒くさいことをやって生きている

細胞はどのくらいのサイズかといえば、たとえば、高分子の球状タンパク質1つが人間

の身体くらいとすると、大きめの細胞では、その直径は東京都区部くらいの大きさに相当する。かなり大きいのである。

虫採りで山中を歩き回るならいざ知らず、早稲田大学から羽田空港まで歩けといわれても、ちょっと困る。

それは高分子も同じことで、高分子が細胞の中を効率よく移動したいなら、やはり列車に乗っていくのがいちばんである。

ひとつひとつの細胞の中の線路を走り回るタンパク質の列車には、行き先と乗ることのできるものが決められていて、「この列車には、こういう高分子しか乗れませんよ」といった具合に選別される。

そういうタンパク質が何種類もあって、超過密ダイヤでもって必要なところに必要なものを送り届けている。

つまり、細胞の中の移動がとても大事で、そういう面倒くさいことをやって、生物というのは生きているのだ。人間もそのおかげで生きていけるし、私も虫採りにも行けるというわけだ。

ところが、一般の人はこんな機序（メカニズム）は知らないから、生物のシステムはすべてＤＮＡで決まり、それで生きているものと思っている人が多い。実際は、ＤＮＡがあっても、それだけでは何の役にも立たないのだ。

バクテリアの寿命、ヒトの寿命、地球の寿命

ヒトに寄生しているバクテリア（細菌）の大きさは１マイクロメートル前後。１ミリの１０００分の１である。バクテリアからすると、宿主《しゅくしゅ》である人間は巨大すぎて、その全貌《ぜんぼう》はわからないだろう。

そんなバクテリアの寿命はとても短い。分裂《ぶんれつ》をくり返してずっと生きつづけるものもいるけれど、たいていは生まれてすぐ死んでしまう。といっても、われわれの尺度で計っての「すぐ」であって、連中にとってはそれが普通の寿命だ。

そして、バクテリアにとってのヒトは、未来永劫《えいごう》つづく世界に思えるだろう。

スケールを換えて、われわれがその上に乗っかって生きているこの地球はといえば、直径は約１万３０００キロ。地球を１メートルの球にすると、ヒトは０・１マイクロメートルだそうだ。ヒトとバクテリアの比率と同じようなものだ。

われわれは宇宙空間から地球の姿を見ることもできるし、飛行機で遠いところへ移動できたりもするので、地球を概念化してあれこれ考えることができる。そうしてわかったつもりになっているが、スケールの比率では人体にいるバクテリア程度の存在なのだ。

地球上に乗っている生物にとっては、地球は悠久のむかしからきて無限につづく、ほとんど不滅の存在のように思われるが、バクテリアの宿主であるヒトがいずれ死ぬように、地球も寿命がくれば滅びてしまう。

太陽があと50億年で死ぬそうで、そのとき地球も消滅するといわれている。長すぎて、よくわからない数字だけれどね。ともあれ、スケールを換えて見てみると、いろいろなことが見えてきそうだ。

あちらを立てればこちらが立たず

肌の上の生態系

最近は腸内細菌が有名だが、そのほかにも人間の身体にはたくさんの細菌が存在している。たとえば皮膚常在菌。お風呂に入って、タオルでちょこちょこっと肌をこすっただけで、皮膚表面に寄生している細菌類はバラバラと落ちて、排水口に吸い込まれていく。10万や20万の細菌はすぐに流れ失せてしまう。

だから、あまり強く洗いすぎると、表面の細菌叢《そう》が落ちて、あとで困ったことが起こる。本来そこに乗っているよい細菌が失われて、悪い細菌が繁殖《はんしょく》する。やがて肌の細胞が変

化をきたし、皮膚炎になったりする。

だから、お風呂に入っても、あまりゴシゴシと身体を洗わないほうがよろしい。汚れたところは洗ったほうがいいけれど、そうでないところは、せいぜい身体をそっと撫《な》でるくらいでやめておこう。背中など、むしろ洗わないほうがいい。

潔癖性や強迫神経症の人のように、いつも消毒薬で手を洗ってばかりいると、必ず肌が荒れてくる。とくに年をとったら、ゴシゴシ洗うのはよくないのだ。

もちろん、全然洗わないのもよくないし、少なくとも水をかけないと汚れは落ちない。でも湯船につかっているだけで、よけいな汚れはけっこう落ちるもので、その程度で十分だろう。シャワーだけでも不足はない。

皮膚の表面をガードしてくれている細菌叢は、ちょっと洗っただけでも90パーセントくらいは落ちてしまうが、10パーセント残っていれば、旺盛《おうせい》な細胞分裂によって、次の日にはほぼ元に戻り、たいした問題はない。

だが、99パーセント以上落としてしまうと、元の状態に戻すのがとてもむずかしくなる。元に戻るまでに時間がかかり、そのあいだに別の悪い細菌が勢力を増長させたりすれば、椅子《いす》の取り合いに負けて、なかなか戻れなくなる。

細菌が定着しているときは、芝生《しばふ》のように叢状を呈《てい》している。それがびっしりと敷きつめられているときは、ほかの細菌類の入り込む余地はない。けれど、そぎ落とされて疎《まば》らな状態になれば、その空いたところに別のものがすみ着いてはびこってしまう。得《え》体《たい》の知れない悪玉の病原菌にとりつかれると、皮膚が反応して炎症を起こしたりする。それを駆除して正常な状態に戻すのは、とても困難になる。

ゴシゴシやって、よいことは何もない。アカすりなどもってのほかなのだ。

クジラで考える多様性

これを別のスケールで考えてみよう。かつて南氷洋にはシロナガスクジラが10万頭くらい生息していた。それがいまや、絶滅危惧《きぐ》種に指定されるほどに激減している。捕獲禁止などの保護政策によってなんとか７０００～８０００頭くらいまで回復しているけれど、ここまでになるだけでもすごく時間がかかっており、なかなか元の数まで増えてこない。

あまりに乱獲しすぎたため、シロナガスクジラは絶滅の危機に瀕《ひん》するほど減少してしまったわけだが、そのあいだに同じオキアミを食べるミンククジラが激増してしまった。そのため、シロナガスクジラには個体数を増加させるだけの十分なエサが回ってこなくなり、いくら捕獲を禁止しても数はいっこうに増えないというわけだ。

10万頭いたときは、オキアミをミンククジラと分け合ってシロナガスクジラもそれなりに安定的に繁殖していたため、ミンククジラとシロナガスクジラの数はある割合で安定していた。

ところが、人間がむやみにシロナガスクジラを捕獲したため、ミンククジラばかりが増えすぎてしまった。ミンククジラとシロナガスクジラの個体数の安定割合が、大きくミンククジラに傾いたままになってしまった。そのため、いくらシロナガスクジラを保護しても、なかなかミンククジラを押しのけてまで個体数が回復しないのである。

もっと手っ取り早くシロナガスクジラを増やしたいと思うなら、どうするか。

方法はいたって簡単だ。ミンククジラをどんどん捕獲すればいいのである。

一方を人為的に激減させてしまった結果なのだから、元に戻したければ、もう片方を人為的に処理するほかはない。

生態系のなかでは、全部がお互いに関係しあっているのだから、こっちがよければ、そっちがダメ、ということがある。人間の肌も含め、地球上のあらゆるところでそういうことが起こる。

元に戻すのはむずかしい

人間は保守的で安定を求めがちだが、安定的な状態というのは一気につくられるわけではない。環境や状況によって、徐々に変化していき、最終的に安定した状態に落ち着いていくものだ。人間が何かやって別の状態を人為的につくりだし、その状態で落ち着かせてしまうと、それを元の安定状態に戻すのはとても困難になる。

卑近な例でいえば、結婚30年とか40年の夫婦は安定的な状態に見えるだろうが、それは長年かけてでき上がった関係性である。内実は家庭内別居のようなケースもあるだろうが、その状態になって久しいなら、元の安定状態に戻すのはむずかしいだろう。

それと同じで、先ほどのシロナガスクジラの頭数を元に戻したいと思うなら、生半可《なまはんか》な保護活動や、筋違いな捕鯨《ほげい》禁止運動ではダメなのだ。ある程度ミンククジラを捕獲し、シロナガスクジラの個体数が増加できる余地を与えてやるしかない。

いくら「クジラは殺したくない」といったって、すでに人為的に安定状態が変わってしまっているのだから、ここをきちんと乗り越えていかないと、次のところにはたどり着けないだろう。

どこかの過激な環境保護団体のように、ドクロの旗を掲げて捕鯨船に体当たりしたって、事態は何も変わらない。

それくらいのことをやって、シロナガスクジラがある程度回復したなら、あとは人間がよけいなことをする必要はない。両者が相互に競合して、自然に安定的な状態に落ち着いていく。

ただ、安定的なところを見つけるのは、やってみないとわからないところがあるから、かなり微妙で、なかなかむずかしい問題ではある。

いまはマッコウクジラも増えてきて、こちらはクジラ同士でなく、人間と競合関係におちいっている。

シロナガスクジラやミンククジラはヒゲクジラの仲間なのでオキアミしか食べないけれど、ハクジラであるマッコウクジラは魚やイカを食べる。だから、マッコウクジラが増えすぎると、人間が捕る魚がなくなってしまうのだ。

ものごとにはいろんな側面があって、あちらを立てればこちらが立たず、という面倒なことも起こってくるわけだ。

ミクロの合理性、マクロの合理性

生命体というのは、決してそれぞれに単体で独立して存在しているわけではない。生態系の中での種間関係ばかりでなく、ひとつの種が分岐《ぶんき》したり交叉《こうさ》したり、細胞内で共生したりしている。だから、一種の生物だけに注目しているのではダメで、全体を見ていかないと、正しい認識はできない。

人体と人体外の生物も結局は共生系だから、単に清潔にしていればいいというものではない。先に述べたように感染症を防ぐために神経質に手洗いばかりしていると、手荒れなど別の問題が起こってくるし、きれいにしようと使うその洗剤で、水質汚染が進んでしまう。

これはミクロ合理性とマクロ合理性の衝突という見方もできる。限定的な範囲では合理的で正しいことが、全体から見ても合理的であるとは限らない。「部分最適、全体最適」

という経営用語などもその一種だろう。

建材として加工しやすい杉の植林を大量におこなったら、花粉症が増えた、なんてこともそうしたことのひとつだね。

合理的に考えるというのは案外とむずかしい。どういうスケールで、どれくらいのタイムスパンでとらえるかによって、合理的に思えるものでも不合理なものにひっくり返ってしまうことがあるからだ。

世界の国々にしたって、いろんな国があれば、いろんなやり方やいろんな正義があるのは当然で、一国内で合理的な政策が全世界に通用するとは限らない。原理主義、つまりひとつだけしか価値を認めないというものの考え方をしていると、誰彼なくぶつかって、あちこちに大きな摩擦《まさつ》を生ずることになる。

ただ、生態系については、いろんな生物がいたほうが安定するという説と、そうでもないという説とで、けっこう論争がある。

まあ、実際にやってみないとわからないし、事前に試せないからよけいにむずかしいという面があるけど、一般的に考えれば、多様性があったほうが世の中は間違いなく面白い。問題はそれらをいかに共存させるかということだ。

チョウだって、いろんな種類が乱れ飛んでいるから、集めたくもなる。一方がダメになっても、別のものが生き延びるということも可能になる。これが、１つか２つの種しかないとなると、それがコケたら全滅、すべておしまいになってしまう。

もし虫が数種類しかいなかったら、集めてもすぐに飽きちゃって、面白くもなんともないだろうしね。

イスラム主義と民主主義の競争

いろんな外界のシステムと人間の頭の中とでは、時間差、ディレー（遅れ）がある。前のシステムに馴致《じゅんち》していると、すぐに別のシステムに切り替えることはむずかしい。

アメリカは民主主義がいちばん優れていると思っていて、世界中で民主主義をやれ、といってきたけれど、中東の人には民主主義なんてまるで馴染《なじ》みのないシステムだから、そんな得体の知れないものを押しつけられても、一朝一夕に受け入れられるわけがない。

日本も戦後、民主主義を押しつけられたけれど、江戸時代からシステムがしっかりしていたから、わりと簡単に受け入れて順応することができた。民族的、精神的にも同一性が

高く、それで日本型民主主義を構築することができた。

ところが、イスラム原理主義の叢がしっかりと根づいているところに、強引に民主主義を定着させようとしたって、簡単に入り込めるわけがない。キリスト教も原理主義という点では同じだから、よけいに競合し、反発しあって、始末が悪い。

その点、日本は原理主義ではなく多神教で、ちょっとばかりいい加減なところがあるから、適当にごまかして馴染んでしまう。

けれども、違う教義をかたくなに信奉している２つの原理主義がぶつかると、どうしようもない。対立が激化し、いつも戦争を起こしてばかりいることになる。

アメリカは強いから、武力で相手を屈伏《くっぷく》させられるかもしれないが、やられたほうには恨みが残り、なんとかしてアメリカをやっつけたいと考える不満分子は、いつまでたってもいなくならない。２００１年9月11日の同時多発テロ事件はその典型例だった。

いずれにせよ、なんでも無理やり押しつけようとするとおかしなことになる。

カンボジアで過激な共産主義革命を起こしたポル・ポトは、自分の理想を追求するあまり、それに従わない国民を大量に虐殺《ぎゃくさつ》した。ゴリゴリの近代合理主義者でもあったポル・ポトは「子どもが大人と一緒に暮らすからおかしな文化になるんだ」といって、子どもを親から引き離して育てるようにした。

子どもにはすごく残酷《ざんこく》なところがあり、子どもだけで育てると、とんでもないことになる。ポル・ポト政権下で虐殺された人たちは数百万にのぼるともいわれるが、その当時、虐殺者としてもっとも恐れられていたのは少年兵だったという。

カンボジアだけでなく、中国の文化大革命でも、先頭に立っていたのは紅衛兵という青少年の集団だった。子どものほうが純粋で手加減しない分、残酷になれるのだ。だから革命はいつも若者のパワーが主体になる。

中国が民主化したら破綻する

地球上には70億を超す人間がカオスのような状態で存在しているのに、それを人間の頭で考えたひとつのシステムでまとめ上げていくことができるだろうか。

家族５人とか６人だったら、ルールなどなくともうまくコントロールできるけれど、国は大きいし、世界はもっとデカい。それをあるひとつの安定的なシステムで動かすことができるかといったら、まず絶望的であろう。

国をコントロールするシステムの成否は、国の大きさと、人口に関係してくる。

たとえば中国は専制的な共産党独裁の国家だけど、あそこでいきなり民主主義をやったら、おそらくめちゃくちゃになって、収拾がつかなくなってしまうだろう。人口14億の多民族国家が日本のような議論重視の民主主義体制でやっていたら、何も決められない。

漢民族とウイグル族とでは言語や価値観などが違い、ひとつの同一性でまとまることがむずかしい。ほかにも少数民族がたくさん集まって無理やりひとつの国家を形成しているのだから、内実はバラバラだ。民主化は、ある程度成熟した社会でないとうまくいかない。

アメリカは、中国が民主主義をやらず独裁主義だから気に食わないというけれど、14億人もいる多民族国家が一国のまま民主化したら、おそらく破綻《はたん》してしまう。14億人を統治していられるのは一党独裁だからだ。効率という点だけをみれば、中国の一党独裁政治は現状では非常に効率的で〝正しい〟ともいえる。本当は国を6つか8つくらいに分割して、それぞれが独立国家になるのが正確で、いずれそうなると思うけれどね。

習近平《しゅうきんぺい》は、党の集団指導体制という枠組みも外し、個人での独裁化を進めている。百歩譲って、プラトンの哲人政治みたいなことで国家をまとめようとしているのかもしれないが、独裁政権は必ず腐敗するというのは歴史が教えるところだ。中国の人民が成熟すれば崩壊せざるをえないだろう。

それはそうとして、民主主義の本質は多数者の専制といえる。アメリカにしても、民主的に選出されても大統領には強大な権限があるから、そこでだいたいのことは決まってしまう。実質的には独裁のようなものだ。トランプになってから独裁化は加速している。日本みたいに、どこに権限があるのやらまるでわからないシステムも珍しいが、人口1億人程度の国だからどうにかやっていられる。これも安倍政権になって独裁化が進んでいる。独裁政治は短期的な効率はよくなるけれど、長期的にはロクなことにならない。日本のような小国が独裁化するメリットはない。

アイデンティティが均一な日本

権限も責任の所在もあいまいな体制の日本がなんとか持っているのは、沖縄から北海道まで、わりとアイデンティティが共通しているからだろう。こんなお粗末な政治に対しても、軽くデモをするくらいで、爆弾を仕掛けたり、自爆テロを起こすような人間は皆無《かいむ》である。そこのところで、かろうじて持っているようなものだと思う。

過激な原理主義者みたいなのがあちこちに2割とか3割いたら、それぞれにテロなど無茶なことをやるだろうから、大変なことになる。その点では、日本人は江戸時代からある程度アイデンティティが揃っていたからやってこられた。

そういうところにどんどん外国人を入れたりすると、アイデンティティの同一性が崩れて、不安定要素が拡大する。

少子化対策など人口問題のことだけを考えると、人口が減って労働力が少なくなるから外国人を入れろ、という話になるけれど、そうすると異なるアイデンティティを持つ人が入ってきてカオスになる。それをひとつにまとめるのはけっこう面倒くさいことになると思う。数百年後はともかく、短期的には大変だ。

新しい法律をつくってそれでコントロールすればいいと思う人もいるかもしれない。いや、最近はむしろ、何か事が起きるたびに「法律をちゃんと整備すべきだ」という人が多くなってきた。

でも、人間は法律に従うとは限らないから、なんでも法律で規制しようとしても思うようにはいかない。法律にも、うまくいく法律とうまくいかない法律とがあるからね。

大きいことはいいことか

ＥＵ、大きな組織のむずかしさ

多様なものをひとつの枠組みで制御しようとする試みという点では、ＥＵ（欧州連合）も同じだ。

ヨーロッパはアメリカやロシアに対抗して全体の規模を大きくし、それで力をつけようとした。だけど、欧州のそれぞれの国で文化や習慣が違いすぎる。比較的近いといっても、ドイツ、イタリア、フランスだけでも歴史的にはかなり違う。さらに、ギリシャのようなまったく違う国もまとめて入れた。

言葉も違う、生活習慣も、アイデンティティも違うのに、通貨だけ同じにして経済を同じにしようとするから、損するところと得するところの温度差が出てくる。そういうズレは軋轢《あつれき》をもたらすから、どこかでクラッシュを起こすことになる。

ギリシャの2度にわたる経済危機でEUは大揺れだった。破綻状態なのに緊縮財政はやりたくなくて、なんとかうまいことをやろうとするギリシャに対して、自分たちにも害がおよぶ他の国はそれでいいとはいわない。ギリシャのデフォルト（債務不履行）が騒がれた。

結局、ユーロ圏の国々から金融支援が3度にわたっておこなわれたが、国民性がかなり違っているわけだから、ギリシャを説得するのは大変だった。政治的なシステムとしての国は独立しているので、EUと加盟国の利害が対立すると解決はなかなか困難だ。

やはりひとつの国にして政治権力を一元化しないと、困難に対処することはなかなかむずかしい。しかし、そうするにはEUは大きすぎるし、同一性もない。

ギリシャがEUに入らず、自国通貨のドラクマでやっていたら、デフォルトになってもEUはさほど困らず、ギリシャはギリシャでなんとか適当にやっただろうから、こんな大騒動にはならなかっただろう。

スイスはＥＵに加盟せず独立しているから、ユーロが暴落したとき、スイスフランだけがやたらと高い時期があった。スイスにそれほど経済力があるわけではないが、ＥＵに入らない道を選んだため、騒動から自由でいられたのである。

イギリスは正しかった？

そういうことがあるから、イギリスはＥＵに加盟しているのに、ユーロを導入しなかった。そして今度は国民が望んだため、まさかのＥＵ離脱となった。離脱なんてありえないと大方の人は思っていたから、「ブレグジット」はまさに大どんでん返しである。

ＥＵの前身のＥＣ（欧州共同体）に加盟した当時、英国病といわれるほど低迷していたイギリス経済は、その後発展をとげて、ロンドンは世界的な金融シティになった。

だが、その恩恵を受けなかった人や逆に生活が苦しくなった人も多かったのだろう。貧乏人が政府のやり方に反旗を翻《ひるがえ》したという一面もあるのではないか。そこにはもちろん、グローバルキャピタリズム（グローバル資本主義）の問題もからんでいる。

ＥＵには大統領もいるし、欧州議会、欧州委員会などの官僚組織がブリュッセルにあり、かなりの権限を持っているようだ。ＥＵ加盟国の人たちにしてみれば、国の政府のほかにブリュッセルにいるよく知らないＥＵ官僚からあれこれ指図される感覚だろう。そんなのは気分よくないだろうね。

ヨーロッパの結束というＥＵの理念はさておき、一般の人たちの頭の中は、最初にＥＵというシステムをつくった人とは同じではないからむずかしい。

小さな組織なら、ほかの人がどんなことを考えているかなんとなくわかるから、そのうえで、上に立つ者が「こんなルールでやったらどうか」といえば、だいたいうまくいく。ところが、組織が大きくなると、ルールをつくったからといって、規則どおりに動くこともないし、遂に規則にないことは何もしないということにもなりかねない。人間の考えること、やることは、法律や規則に書いていないことのほうがずっと多いから。

ロボットにフレーム問題というのがあるけれど、それと同じだ。

ロボットはプログラムされたこと（有限）しかやらないが、現実世界にはさまざまなことが起こる可能性（無限）がある。無限に有限では対応できない。つまり、臨機応変には動けないということだ。

かつて自動車生産工場などで、作業用ロボットに殴《なぐ》られて大けがをしたという話が聞かれた。不用意に近づいてしまった人がいても、ロボットは自分で気づいて停止してはくれない。プログラムどおりに作動してクルッと向きを変えたはずみに、雇い主である人間サマをぶん殴ってしまう。

ＡＩ（人工知能）でも、程度の差はあろうが、こういうプログラムなら完璧《かんぺき》だと思っても、想定外のことが起きたときには、どうしようもない。

ギリシャ危機にブレグジットとつづき、ちょっと大変なのはドイツである。ＥＵの中でもっとも金持ちだから、なにかと面倒を見なければならない立場に立たされた。中東などからの難民・移民問題もある。

経済力がもともと強かったドイツは、自国にとって有利なユーロで輸出が増えてずいぶんと儲《もう》けたけれど、結局は自分が儲けた金で尻ぬぐいしなければならなくなった。

なぜ大きくなろうとするのか

なぜ大きくなろうとするのか。これは本質的に戦争と関係している。国がデカくないと戦争をしたときに不利になるから、どうしても大きくしたいという欲望が生じてくるのだ。

しかし、大きければいいことばかりかというと、そうでもない。大きくすれば、それだけ内部統制がとりにくくなる。そこがむずかしいところで、やはり、ただデカければうまくいくというものではない。

戦争が起こる大きな原因のひとつは、人口増大によって食料が足らなくなることだ。だから狩猟採集民族には戦争がなかった。猟場など食料を得る場の奪い合いのようなことはあったとしても、人の数が少なければ小競り合い程度ですんでしまう。殺戮《さつりく》や略奪をともなう戦争に発展するのは、食料を貯められるようになってからである。

その意味では、戦争は農耕民族がはじめたともいえる。

たまたま自分のところが災害か何かで凶作《きょうさく》だったとする。そこで隣の部族はどうかと偵察にいったら、豊作で蔵がうるおっていた。このままでは自分たちは飢え死にするほかないので、豊富な隣の部族の食料を奪うために一か八かで攻撃に打って出る。そんなところから、人間は戦争をやるようになったのではないかと思う。

戦いに勝てば、隣の食料は全部もらえるし、相手を奴隷《どれい》にすることができるなど、なにかとメリットもある。

もちろん負ければ立場はその逆になるわけだが、どうせ何もしないでいれば飢え死にするのだから、何かするしかない。勝つか負けるかはバクチみたいなものだ。

そうすると、今度は自分たちが豊作のときに、隣から仕掛けられるおそれがあるから、守りを固めるようになる。集落の周囲に防壁を築き、堀をめぐらせる。城壁に囲まれた中で人々が暮らすというのが、街の基本構造になっている。

防壁の規模、戦士の数、武力など、当然、大きいほうが有利になる。人も大勢いたほうがいいので、周辺を統合して、どんどん大きくなっていった。

「国民国家」をつくってまとめる

奴隷を抱えるにしても、それなりに使おうと思ったら、ちゃんと食わせなければならない。そうしないと、いざというときに言うことを聞いてくれないからね。

殷《いん》と周《しゅう》の「牧野《ぼくや》の戦い」（紀元前11世紀頃）というのがまさにそれで、殷は、戦争に使おうと思った奴隷が、途中でみんな反旗を翻して敵側に走ってしまった。結果、あっという間に戦いが終わって、殷は滅亡した。

小さな部族同士の戦いならたいしたことはないが、大きな戦争で、奴隷戦士のすべてが敵方に寝返ってしまえば、これは負けるに決まっている。「数は力なり」ともいうが、数だけ多くてもダメで、質も重要になってくるのだ。

そこで、国を大きくする一方で、自分はこの国に属している人間だというアイデンティティを担保するのが不可欠となる。処遇《しょぐう》を工夫したり、バラバラの人間をひとつにまとめるような神話や物語をつくったりして、国に忠誠を誓《ちか》わせることで「国民」ができる。

こうした果てに誕生したのが、近代の「国民国家」である。

だが、ひとつの旗の下で統制するにも限度があって、あまり大きくなりすぎると統制がとれなくなって、ひとつのシステムとしては存続できなくなることもある。諸刃《もろは》の剣《つるぎ》だね。

巨大すぎて崩壊したイスラム帝国

国民国家が成立する以前の話だが、モンゴル帝国などはあまりに大きくなりすぎて国を分割せざるをえなくなった例だ。

最初はとにかくどんどん周辺諸国を征服していったけれど、あまりにも版図《はんと》を拡大しすぎたため、あちこちで指揮官が違うことを考えるようになった。

アイデンティティが別々になったら、これはひとつの国としてやってはいけない。飛行機も新幹線もない時代だから、意思統一するのは至難の業《わざ》であったと思う。

イスラム帝国にしても同様だ。イスラム帝国は7世紀から20世紀初めまで１３００年近くにわたって、最盛期には西アジアから北アフリカ、イベリア半島にまたがる広大な領土を支配したいくつものイスラム国家の総称である。彼らはキリスト教徒を抑えたり懐柔《かいじゅう》したりして版図を広げていっただけに、えらい苦労を強《し》いられた。

とくにイベリア半島を支配していたときの話は面白い。

イベリア半島の若いキリスト教徒たちは極端な原理主義者で、イスラムの神を認めようとしない。イスラムの側はなんとか円満に治めたいと思っていたが、彼らにもいちおうの教義がある。イベリア半島を統治していたイスラムはそれほど原理主義的ではなかったけれど、キリスト教徒からいわれっ放しでは示しがつかなくなる。

見せしめのために極端なキリスト教原理主義者を処罰していたが、そういうことをやるとよけいに反感を買ったりして、なにかと面倒くさくなってくる。

そこでイスラムの統治者がキリスト教会に密使を送って、「キリスト教を信じてもいいけれど、おおっぴらにやるな。おまえらの跳《は》ね返り分子をなんとかしろ」ということを要請している。

「おおっぴらにやられると処罰しなきゃいけない。面倒くさいからやめてくれないか。俺たちだって、殺したくないんだよ。目につかなけりゃ、こっちだって処罰しなくてすむんだから……」とかなんとかいったんだろうね。

それはヒューマニズムとかやさしさとかの話じゃなくて、コストの問題なのだ。

キッチリやろうとすると手間がかかってしかたないから、ゆるくなっていく。大きくなった国というのは、そういうふうにある程度寛容《かんよう》にしていかないと統治できなくなる。

ところが、寛容にするほど、戦争に弱くなっていくのだ。

小さな原理主義的な集団が大きくなったときには、たいていそれで弱体化し、やがて滅ぼされていく。新しく興《おこ》った小さな集団は離合集散をくり返しながらまた大きくなり、大きくなりすぎてまた潰れていく。このくり返しである。

国家でも企業でもなんでも、大きな組織というのは、拡大しすぎると、たいてい内部分裂を起こして滅びる。これが歴史の習いだ。イギリスの作家フリーマントルは、「EUは10年以内に内部崩壊する」と予測していたが、この予測は現実になるように思う。この伝《でん》でいけば、中国もいずれ崩壊するだろう。

組織にはほどほどのゆるさが大切

組織というのは、ある程度寛容にしないとうまく統治できない。ただし、寛容さというのは人間の善意をあてにしているから、寛容さを逆手にとって秩序を乱す人間が出てくると、手に負えなくなる。

早稲田大学はすごく寛容な大学だが、寛容にしすぎて、「学生は授業に出なくてもいいよ。先生もやりたくなければ授業をしなくてもいい」なんてことになったら、大学としての体《たい》をなさなくなる。

一方、コンプライアンスをきつくして、「これとこれをきちんとやらないとクビにするぞ」というと、そのことはやるけれど、それ以外のことはやらなくなる。クビになるのは嫌だから、やることはやるけれども、いい加減にやるようになる。

結局のところ、能率も費用対効果も低下して、かえって業績は落ちることになるのだ。あまり締めつければ跳ね返りが出てくる。

「1度か2度くらいサボってもいいが、あまりサボるのは困るよ」というほどほどのゆるさにしておけば、組織としてはたいていうまくいく。
そのへんの手加減は、やってみなければわからないんだけどね。

小国にも利がある

国の拡大を目指さず、小さいままでうまくいっているところもある。日本も小さな国だが、ＡＳＥＡＮ諸国もそれぞれはあまり大きくない。

リヒテンシュタインはスイスとオーストリアに挟まれたとても小さな国だけど、欧州諸国の狭間《はざま》のところでなんとかうまいことやっている。そういう国はたぶん、地政学的なハンデを逆手にとって立ち回るような賢さがあるのだと思う。

ブータンはまさにそれで生きているようなものだろう。ヒマラヤ山脈の東部にあり、仲が悪いインドと中国のあいだで、緩衝《かんしょう》地帯としての役割を果たしている。ブータンがなくてインドと中国がじかに国境を接していたら、しょっちゅう衝突を起こしている可能性が高い。

ブータンの経済はインドに全面的に依存している。インドとしても中国と戦争をするより、ブータンの支援をしていたほうが安上がりだからね。

面白いのは、大国であるインドから貧乏人が小国ブータンに出稼ぎにきて、掃除やらなにやら下っ端の仕事をしているという逆転現象だ。

ブータンが売れるものといえば電力と観光くらいだろう。山岳国家で急斜面、しかも水が豊富だから、水力発電にはうってつけの地だ。ブータンの人口は80万人くらいしかいないから、余った電気をインドに売って、それで食っているところもある。

そんなふうにブータンはインドに支えてもらっているにもかかわらず、インド人をあごでこき使って、インド人が掃除をするのは当たり前くらいに思っているふしがある。

インドを頼りつつインド人にはいわゆる３Ｋ仕事をやらせて、裕福ではないが、国民の幸福度は世界一だというブータン。

かたやインド政府としては、国境線の治安を守らせながら、自国の貧乏人を養ってもらっているようなもので、これはこれでおいしいシステムなのかもしれない。

『ブータン、これでいいのだ』（御手洗瑞子著、新潮文庫）という本には、面白くて、考えさせられることがずいぶんあった。

かつての沖縄も、中国と日本の狭間でなんとか生きていた。

沖縄はもともと琉球《りゅうきゅう》王朝の国、つまり独立国だった。琉球王朝が成立するまでは、3つの勢力による群雄割拠《ぐんゆうかっきょ》の時代があった。

沖縄の各地に城《ぐすく》の跡が残っているが、みんな違う王様が住んでいたのだ。それを尚氏《しょうし》が統一、琉球王朝をつくったのが15世紀初期である。

中国（当時は明《みん》と清《しん》）の歴代王朝の冊封《さくほう》国として、文化的な影響を強く受けており、琉球の王様が交替すると、中国から遣いがきて、「おまえを琉球王に封じる」という儀式をやっていた。

一方で、琉球王朝は江戸時代の初期に薩摩藩《さつまはん》から武力侵攻を受けて属国となった。江戸にも使者を送り、徳川幕府にも恭順《きょうじゅん》の意を示していた。中国と日本（薩摩藩）による二重支配の構図のなかで、なんとか均衡《きんこう》をとっていた。

琉球王朝末期の沖縄料理というのは実質的に薩摩料理で、とくに王様だけは和食を食べていたらしい。そのほうがうまいからかもしれないが、当時の食材の記録を見ると、琉球の一般庶民《しょみん》とは違うものを食べていたことがわかる。

中国（清）の勢力が凋落《ちょうらく》の一途《いっと》をたどると、明治維新後、どんどん力をつけていった日本が、その機に乗じて沖縄を日本領土にしてしまった。

１８７２（明治５）年に琉球藩を設置し、琉球王の尚一族を華族に遇した。１８７９年には沖縄藩を沖縄県に改め、中央から県令（県知事）を送って支配するようになった。琉球には独自の言語があり、琉球王国の公文書は琉球語で書かれていたが（表記はひらがな）それを強制的に日本語に変えさせて、アイデンティティの一部まで奪ってしまったわけだ。これを「琉球処分」という。

言葉を制する者が勝つ

もっとも沖縄のなかでも宮古島などは、税金の取り立てが厳しくて、琉球王朝の植民地みたいだったといわれる。小さい国のなかにも、そうした差別の構造があったらしい。

沖縄くらいの大きさなら、うまくいけば独立国としてやっていけただろうし、いまもやっていけると思う。ブータンだってうまくやっているのだから。

独立国にとって当面の課題は食料とエネルギーだろうが、小さい国はほかにもいくらでもあるのだから、国が小さいからやっていけないということはない。

しかも、日本と中国、あるいは日本とアメリカのあいだのバランスをうまくとって、「沖縄があるから、これらの国が戦争に至らずにすんでいる」というポジションを獲得できれば、中印の緩衝地帯的役割を果たしているブータン同様、独立国としての存在価値はあるだろう。

沖縄が日本に帰属しているのは、言葉の問題が大きかったのではないか。琉球語は日本語と構造がよく似ていて、明治初頭に統合されたあとでは、ほとんどの人が日本語を理解できるようになっていった。

沖縄の人は中国語をしゃべらないので、いまから中国が沖縄を領有しようとしてもまず不可能だろう。一方、台湾の人は中国語を話すので、中国が台湾を統合することはありえるかもしれないが、日本が台湾を統合することはありえない。

植民地でも何でも、言葉を制したところがそこを制する、ということだ。

ただ、これだけ基地問題で揉《も》めている沖縄の人が今後も日本にとどまるかどうか、それはわからない。

クラッシュしてまた強くなる

ものごとには最適なサイズというものがあって、国の大きさや人口の数、はたまた人間という生物の持つ欲望の大きさなど、社会システムをうまく回すためには、それに相応《ふさわ》しい適正規模というものがある。

人間は社会的な動物だから、群れて生活する。その群れがどのくらいまでならひとつのシステムとして維持できるか、という点が問題で、中国の14億人はどう見ても無理だろう。日本の規模がぎりぎりだと思うけどね。

ただ、マクロ的に見ると、破綻するとよいこともあるのだ。

たとえば、どうでもいいような企業がみんな潰れて、生き残った企業を統合すれば体質が強化される。だから、大きな企業のほうが有利ではある。

韓国がその好例だ。一時、ウォンが暴落して経済が破綻した。それで零細《れいさい》企業はほとんど整理され、サムスンやヒュンダイのような大企業だけでやっていくようになった。その後浮き沈みはあるものの、企業の国際競争力はかなり強くなっている。

日本だって、ほかの企業が全部潰れて1業種1社に集約されれば、そこの国際的な競争力は強くなる。国民にとっていいことかどうかはわからないけどね。

だが、今度はそのシステムを無理やり維持しようとすれば、国からの支援やら補助金やらがあれこれ必要になって、かえって大変になる。見かけは民間企業なのに実態は官製企業となれば、マクロ的にはむしろ弱体化である。

日本でも、急激なハイパーインフレにでもなって円が暴落し、クラッシュしてしまうと国民の生活は大変になり、一時的にはいろいろ混乱はあるかもしれない。けれど、長い目で見ればなんとかなるかもしれないね。

日本が戦争に負けたから、その後の奇跡的な復興と高度成長があったわけで、戦争に勝っていたら、かえって悲惨《ひさん》なことになっていただろう。国内だけでなく、外地《がいち》の植民地も養っていかなければならない。搾取《さくしゅ》するだけでは、しょっちゅう暴動が起きて不安定な社会になってしまう。

何がいいかというのは、結果論だから本当のところはわからない。ただ、人間には本質的に現在のシステムを維持したいという保守的なところがあるから、クラッシュするまではシステムはなかなか変わらない。

先のことはわからない

システムの持続時間は短くなる一方

昔はテクノロジーの進歩が遅かったので、システムの持続時間が長かった。

中国にしても、始皇帝《しこうてい》の秦《しん》は別にして、殷《いん》とか周《しゅう》はすごく長くつづいた。とくに周は、春秋・戦国時代も含めると８００年もつづいた。

それが、時代とともにどんどん短くなっていった。漢《かん》はけっこう長かったが、明《みん》とか、最後の王朝である清《しん》になると、そんな長くはない。

日本は、江戸時代が長いといっても、３００年に満たない。それに対し、縄文《じょうもん》時代の三《さん》

内丸山《ないまるやま》（青森県）は縄文前期中頃から中期末（約5500〜4000年前）まで、1500年ものあいだつづいていた。それまでの常識をくつがえし、縄文時代に栗などの栽培がはじまっていたことが話題になった。

三内丸山遺跡の出土品を見ると、いろんなところからいろんなものが来て、栗などで交易していたらしいことがわかる。しかし、人口はどんなに多くてもせいぜい数百人規模だった。

その規模の集落が1500年もつづくというのは、稀有《けう》な例といえよう。気温低下が原因で住めなくなって放棄したのかもしれないが、当時そこで暮らしていた人たちは、三内丸山の集落は永遠につづくと思っていたにちがいない。

1万年前頃までは、人間も野生動物の一種で、その日暮らしの生き方をしていた。冷蔵庫などないから、狩猟採集民の時代はその日に食べる分をとったらそれでおしまい。自分の家族が5人いるとしたら、魚を5匹と、あとちょっとした木の実や果実でも拾ってくれば、それで生きていけた。だから、その日のことだけを考えていればよかった。

保存できるものは少しは保存するけれど、生ものは保存できないので、基本的にその日の食料分しかとらない。だから、野生の資源が枯渇《こかつ》することもなかったのだ。魚を１人で５匹くらいとっても、すぐにまた増えて元に戻る。あるいは、自分は魚をとるのがうまければほかの人の分もとって、果物をとるのがうまい人と物々交換したりしてシェアする。

その頃は「バンド」といって、せいぜい50〜１００人くらいの生活集団だからそういうことも可能だったし、そんな生活をしている限り、人口もそれほど増えなかった。狩猟採集生活にとって、これくらいの人口が最適なサイズだったのだろう。

このような状態で安定していれば、そのシステムは非常に長くつづく。こういう状態が、サステイナブル（持続可能な状態）と呼ばれるものだ。

だが、技術革新が進んで食料の増産が可能になり、人口が増加すると、外部とのコミュニケーションも頻繁《ひんぱん》になってくる。そうなると、システムを安定的に持続することが困難になる。

江戸時代があれだけつづいたのは、鎖国をし、外国とのコミュニケーションを制限していたからだ。それがなかったら、徳川幕府はもっと早くに簡単に崩壊していたにちがいない。

人が考えるのはせいぜい20年先

現代人は後先も考えないで都市をつくってきた。

東京の都心にいまでもボンボン建てている巨大な建造物がどれくらいの耐久年数なのか、壊したことがないからだれもわからない。

世界的な巨大建造物が壊れた例としては、9・11の同時多発テロでニューヨークのワールドトレードセンター（ツインタワー）が倒壊したのが初めてだろう。ただし、あれは意図して壊したわけではない。

エンパイアステートビルを建て替えたいと思っているらしいけれど、建てるより壊すほうが何十倍も金も手間もかかる。あれを安全に壊すというのは、えらく大変な作業である。それくらいなら、むしろそれを放置しておいて、別の場所に新しく建ててしまったほうが手っ取り早いし、安上がりだ。街全体の寿命がきたら、その場所を放棄して、ほかに新しくつくり替え、ニュー・ニューヨークとでもしたほうが簡単で安全だろう。

東京の赤坂プリンスホテル（現・東京ガーデンテラス紀尾井町）はそんなに背も高くな

いし、もともと安普請《やすぶしん》だったので簡単に壊せたのではないかと思うが、堅牢《けんろう》につくられた丸ビルの建て替えはけっこう大変だった。まして高さが１００階を超えるビルともなれば、そう簡単には壊せない。

　建物が強固になればなるほど壊すのはむずかしくなるわけだが、では、最初からそこまで考えてつくっていただろうか。

　いまの人が考えていることは、せいぜい20年先程度だろう。よく考えたとしても、自分の寿命くらいの長さで、その先のことはほとんど考えていないのではないか。

10万年後の意味するもの

　それなのに、日本は原子力発電所などを後先考えずに、どんどん建ててしまった。核燃料サイクルや高速増殖炉《ぞうしょくろ》が実用化できなければ、核のゴミは溜まっていく一方で、これをなんとかしなければどうしようもない。

　原発で燃やした使用済み核燃料を再処理して、ウランとプルトニウムを抽出《ちゅうしゅつ》し、新しい燃料に加工して再利用するシステムが、核燃料サイクルである。だが、主たる再利用施設

である高速増殖炉がどんなにやっても実現できないのは周知のとおりである。

欧米諸国では高速増殖炉の開発を断念して、高レベル放射性廃棄物は地中深くに閉じ込めておく計画である。通常レベルに落ちるまでに最低でも10万年かかるというが、いまの人類（現生人類）が誕生したのは30万年前といわれている。

10万年後、地震や噴火などで地形はどうなっているだろうか。10万年後、人類は変わらず生き残っているのか。10万年の意味するものが本当にわかっていたら、とても口にできない数字である。

建てるときは数十年先のことくらいしか考えてなかったのに、いまや10万年後まで貯蔵できる施設を大真面目につくっている。なんともチグハグなことをやっている。

しかも、アメリカの環境保全局によれば、完全に無害になるまでに１００万年はかかるという。アホとしかいいようがない。

原発にしても、建設時には20年くらいのスパンでしか考えていなかったのではないかと思うが、20年で廃炉にするとしても、その後のほうが、はるかに手間がかかる。炉をさっさと壊してどこかに捨ててくるわけにもいかない。なにしろ中には放射性物質がいっぱい詰まっているのだから。

そんなことも考えないで、ああいうものをホイホイ建ててしまうのだから、後先のことは考えていないのだろう。

１０００年単位の視点を持ちつづけられるか

２０１１年３月11日に起きた東日本大震災と福島原発事故で、日本人の天災に対する考え方は少し変わりはじめたようだった。１０００年先のことや１０００年前に何があったかなどと、わりと真剣に論じられるようになった。

かつて、富士山は休火山といわれ、まともな気象学者で噴火の危険性を指摘する人はいなかった。ところが最近では、富士山噴火の可能性について、かなり現実味のある議論がなされるようになった。

東南海・南海地震や首都直下地震などについても、以前はほとんど言及されていなかった。取り上げられるのはせいぜい相模湾の東海地震についてで、それにしたってマグニチュード7か8くらいの想定だった（阪神・淡路大震災はマグニチュード7・3、東日本大震災は同9・0）。

１００年近く前の関東大震災（１９２３年）はマグニチュード７・９だったが、そのあたりまでさかのぼるのが精いっぱいだった。

３・11後になってやっと「１０００年に1度の」という想定がリアリティを持つようになったのである。

要するに、人間はどれだけのタイムスパンでものを考えられるか、ということだが、10年、20年というミクロの視点で考えるのと、１００年、１０００年のマクロの視点で考えるのとでは、見えてくるものがおのずから違ってくる。

個人のレベルでは、どんなに考えても自分の孫の代くらいまでだから、長くてもせいぜい１００年先までだ。

私くらいの年代になると、１００年先なんか生きていないから、普通はそこまでは考えない。気になるのは子どもや孫に遺産を少しは残せるかなという程度のことだから、せいぜい20年先のことくらいしか考えていない。

個人ではそれでもいいのだ。だけど、国がそれではどうにもならない。

国政は政府にしろ官僚にしろ、次から次に人が入れ替わっていくので、在任期間さえうまくしのげばいいと思っているのかもしれないが、10年、20年のスパンでしか考えないでいたら、いったん事が起こったときすぐに行き詰まってしまう。

3・11で1000年単位の視点が出てきたと思ったら、わずか4年後の2015年8月、鹿児島県の川内《せんだい》原発が再稼働した。国はまたぞろ、目先のことしか考えなくなってきた。生命の不安や超長期にわたる環境リスクというマクロ合理性ではなく、電気料金の値上がりや経済への影響というミクロ合理性を優先したのである。

いまの日本は、一部の個人だけが長期的な視点でものごとを考え、国は後先も考えずにでたらめをやっているとしか思えない。

技術のスピードに頭も身体も追いつかない

三内丸山時代のような昔は、ものごとを長いスパンで考えなくても日々を過ごしていけた。黙《だま》っていても、いまの状態が同じペースでつづいたから、いまだけを考えて生活していればよかった。
しかし、現代は技術が日進月歩、その影響力が速くて大きい。それなのに、思考は相変わらず短絡《たんらく》で、目先のことにしかおよばない。このアンバランスが矛盾《むじゅん》を生み、いろいろ

な問題を引き起こしているのだ。

たとえば1万年以上前は感染症がほとんどなかった。結核が出現したのは9000年前くらいだといわれる。インフルエンザはさらにあとの時代になる。

人間同士の接触がなければ、感染のしようがない。感染症が起こるのは、ほかの地域の人々との交流の頻度が高くなってからである。

インフルエンザにしても麻疹《はしか》にしても、50人程度の小さな集団だと、病原体のウイルスが入ってきたらほとんど全員が感染し、死ぬか治るかする。

ウイルスは生体の細胞の中でしか生きられないから、感染者がいなくなれば、それ以上は感染が拡散しない。

小さい集団の中では、ウイルスは生き延びることができない。ほかの人に移ろうにも外部との交流がほとんどなければ、新しい宿主を見つけることができず、生き残る術《すべ》がない。

それが、交通網が発達しコミュニケーションの範囲が拡大すると、いつもどこかでだれかが感染しているようになる。

麻疹の患者が1人もいなくなったら麻疹のウイルスも消滅するが、いまのようにグローバル化し、世界のどこにでも飛行機ですぐ行けるようになると、どうしたってだれかがまた別の人にうつし、また別の人にと、どんどん拡散していく。

地球上から麻疹がなくならないのは、つねに世界のだれかが麻疹にかかっていて、他の人にうつしているからだ。それをなんとかコントロールしようとしても、対処しきれるものではない。

鳥インフルエンザのときなど、当初、飛行機会社が空港で侵入を防ぐ水際《みずぎわ》作戦とかを大量動員してやっていたけれど、結局金をかけても完全に防ぐことはできなかった。

同じく、強毒を持つヒアリが神戸港のコンテナから発見されたときも、侵入を食い止めろとばかりに陸揚げされるコンテナを点検する水際作戦がとられたが、侵入を完全に食い止めるのはむずかしいと思う。

現代人はなんでもコントロールしたくてしようがない。でも、コントロールしたいという欲望が強くても、世界のすべてをコントロールなんてできっこないのである。

第2章　人間は増えすぎた

人は少ないほうがいい

76億人にも異常増殖した生物・ヒト

国の経営にとっては、人口と食料とエネルギー、この3本柱をどうやって調整するかがカギとなる。それは小さな社会でも同じだし、われわれの家計にしても同様だ。

とくに食料とエネルギーをみんなでどうやって分け合うかが重大な問題となる。人口増加と食料、エネルギーの増え方にどうしてもズレが生じてくるからだ。

近代以降、公衆衛生のインフラ整備や医療技術の発達によって人が死ななくなってきた。

昔は人口を増やそうと思っても途中で死んでしまったから、トータルではあまり増えなか

ったけれど、いまはどんどん増えるようになった。
一方、食料やエネルギーはそんなに急激に増えることはない。人口だけが増えたら、当然のことながら、食料やエネルギーが不足して困ることになる。

普通の生物なら、食料があれば増えていくし、食料がなくなれば死んでいく。自分で食料がとれなくなっても終わりだ。ところが、人間は自分で食料がとれなくても相互扶助《ふじょ》システムがあるから、そう簡単には餓死しない。

生物学的には、自力で生存できないものは餓死する、というのが正しいあり方だけど、人道というものがあるから、なかなかそうもいかないわけだ。

世界の人口は76億人。地球環境のキャリング・キャパシティ（生態系が安定した状態で継続できる容量）でこうなっているにしても、76億は半端な数字ではない。人間くらいの大きさの哺乳《ほにゅう》類で、76億頭もいる動物はほかにいないからね。

１万年前の世界の人口は５００万人から１０００万人くらいだった。いまから２０００年前の紀元前後は2億人、１０００年頃に3億人、１５００年頃で5億人くらいだったといわれている。

１８００年頃に10億人を超え、１９００年頃に16・5億人、１９６０年頃に30億人と加速度的に増えていき、２０１７年には76億人である。

76億人とは、生物学的にはまさに異常増殖《ぞうしょく》だ。

国連の予測によると、人口は毎年８３００万人ずつ増えており、２０５０年には98億人になるという。

エネルギーを食料に換えるシステム

最初は野生動物と同じような狩猟採集生活だった人間は、農耕をはじめ、自分で食料をつくるようになって増えてきた。さらに、18世紀から19世紀にかけて産業革命が起きてから人口が急激に増えはじめ、20世紀に入ってから爆発的に増加した。

人が石炭を使うようになったときに一度ドライブがかかり、人口増加率がかなり急激に上昇した。その後、石油を使うようになって、人口増加率は1パーセントを超えた。

それは人間が石炭とか石油などのエネルギーを使って、食べ物を効率的に獲得できるようになったからだろう。

たとえば漁業というのは、海や川の魚を勝手に獲ってくるわけだが、エネルギーがなかったら、せいぜい自分の家族が食べる分くらいしか獲ることはできない。

牧場の土地を切り開くにもエネルギーは必要だし、温室で作物をつくるのだって、みなエネルギーを食料に換えるシステムでやっている。

農作物の肥料も、エネルギーを使って工場でつくられている。窒素《ちっそ》肥料は昔は糞尿《ふんにょう》だったけれど、いまは空気中の窒素を人工的に固定してつくっている。いわゆる化学肥料だ。

そうやって76億人まで増えたわけだが、地球が有限である限り、人間1人が使える資源量というのは、人が増えれば増えるほど減るわけだから、本当はあまり増えないほうがいいのである。

サステイナブルな適正人口は30億人

いまの76億の人口は、あと40年足らずで１００億に達するという。そのとおりに進むかどうかはさておき、ある程度まで増えていって食料がなくなれば争奪戦が起きる。

食料をめぐる紛争《ふんそう》が起きればけっこう悲惨《ひさん》な世の中になり、どこかでクラッシュして、

人口が一気に減る可能性もある。

農耕をはじめる前の1万年前頃の人口は、500万人から1000万人くらいだったということは、それが自然環境の許容する人類のキャリング・キャパシティだということだ。これはいかにも少ないし、現在の76億人は多すぎだが、世界の人口がたとえばその半分以下、30億人程度なら、なんとかなりそうに思う。

いまの技術とやり方で自然エネルギーをうまく開発し、それだけで定常システムが成り立つようにできれば、持続可能な社会は構築できるのではないか。

エネルギーに関しては、とりあえず太陽がある限りサステイナブルな供給システムをつくることは可能だ。

30億人だったら食料もなんとかなる。それ以上増やさないようにして安定的なシステムをつくるというのが、人間が恒常的に生き延びるためにはいちばんいい。

だが、76億人をどうやって30億人に減らすかというロードマップをつくるのは、きわめて困難だ。クラッシュが起きてダメになっちゃえば別だけど、人道的かつ合法的に徐々に減らすというのは難儀《なんぎ》な話である。

その点、日本の人口は自然に徐々に減っているのだから、生態学的にはとてもいいことなのだ。少子化に目くじらを立てるのは間違っている。

中国とインドだけで27億人

先進諸国を見ればわかるとおり、女性の社会的地位が上がるとあまり子どもを産まなくなる。そして、人口は徐々に減っていく道をたどる。

国力の観点から見れば人口が多いほうが強いから、よその国の人口は減らしたいけれど、自分のところは減らしたくない。これが世界の指導者たちの本音なのだろう。

だから、日本をはじめ先進国は人口を増やそうとするし、これから人口爆発期に突入するアフリカ諸国などでは放っておいても人口は急増していくため、地球上の人口はなかなか減っていかない。

中国は１９７９年から「一人っ子政策」という人口抑制政策をとった。１組の夫婦に原則子ども１人とし、２人目からは罰金を科すものだが、違反者は職場を解雇されたり、当局による強制堕胎《だたい》などもあったりと、一党独裁国家だからできた強引なやり方だった（２０１５年に廃止）。

もし中国がこの政策をとらずに何もしないでいたら、いま頃は15億とか16億になっていたであろうが、とりあえず14億1000万人で止まっている（2017年現在）。実際だが実際には、戸籍に入らない、いわゆる無戸籍の人がたくさんいるのだと思う。実際の人口は14億人よりもっと多いのかもしれない。

一方、人口第2位のインドは13億4000万人。中国とほぼ並んでいるが、国連の予想では2024年に、インドの人口のほうが多くなる。

インドもかつてはインディラ・ガンジー首相が産児制限をおこなおうとしたが、結局、反発が強くてうまくいかなかった。強制的に避妊手術をさせようとしては、やはり反発が出るのだろう。

中国とインドだけでいま27億人。サステイナブルな30億人という数は、この2つの国の国民を足しただけで届いてしまうんだよね。

ちなみに国連の推計では、2050年にはアフリカ人の人口が倍増して約25億人となる。世界人口の4人に1人はアフリカ人になるようだ。

人口が減れば矛盾は解決するのに

地球上のいろいろな矛盾の多くは、人口を減らせば解決すると思う。でも、資本主義が潰れては困ると考える人がいるので、躍起《やっき》になって人口を増やそうとしている。

資本主義経済をつづける限り、どうしたって人口を増やすほうにアクセルが踏まれてしまうのだ。

少子化が悪いというのは資本主義イデオロギーに洗脳された人の思考である。経済を右肩上がりにするには、どんどんエネルギーを使って、どんどん商品をつくって、どんどん買ってもらわないと……、と思考回路が固定してしまっているのだろう。

でも、地球の資源には限りがあるし、有限のなかで無限の拡大をつづけようと負荷をかけつづければ、最後はクラッシュを起こす。

経済性に見合うものだけがつくられ、見合わないものは見捨てられるから、多様性も減少していく。

生物多様性も例外ではなく、自然生態系を保全し、それでいて人口を増やして資本主義をつづけようとするのは、本来、無理な話なのである。その矛盾したことをやろうとすれば、生物多様性が減少したつまらない世界になっていくのは必定《ひつじょう》だ。

一線越えたらクラッシュが定め

増えすぎた生き物は必ず減る

いずれにせよ、世界人口はまもなく１００億人に達するわけだから、このままいけば早晩、世界の食料供給システムの崩壊は避けられない。

そのときには日本の人口は減少しているだろうから、それで飢え死にする人はいないだろう。だが、人口爆発期がつづいているアフリカでは、飢え死にする人が大量に出てくると思う。

やはり行く手には、人口、食料、エネルギーの壁が立ちはだかっている。

その壁を前にして、いかに新しいエネルギーをつくり出せるか。食料もバイオテクノロジーで品種改良し、単位面積当たりの収量を上げることでなんとかしのごうとするだろうけれど、それにも限度がある。

だから、その前にうまく世界の人口を減らすようにできればいいのだけれどね。

気候変動などなんらかの理由で一時的に個体数が急増しても、そのままのレベルで繁栄しつづける生き物はほとんどいない。ある一線を越えて増えたら、必ずクラッシュを起こすというのは、生態学的には常識である。

イナゴやバッタはよく大発生することがある。その土地のエサはすぐに食べ尽くされてしまうから、よそへ移動していかない限り全滅してしまう。そこで、エサを食い荒らしながら大群で移動をはじめる。

だが、エサとなる草や穀物が無限にあるわけではないので、食い尽くしたところでバタバタと死んでいく。しかし、なかには元の土地にとどまるヤツもいて、仲間の大半がいなくなれば、その後はそこで生きていける。

バブル期、多くの企業が日本を食い潰して、東南アジアなどへ進出していった姿に似ているかもしれない。あるいは、戦前の日本が他国を侵略したのも、似たような現象かもしれない。

国内ではにっちもさっちもいかなくなったため、満州《まんしゅう》に人をどんどん送り込み、一方で資源を求めて大軍で南進していった。その果てが大敗戦という結果だった。

ヒトはタガが外れた生き物

ホモ・サピエンス（現生人類）はおよそ30万年前、アフリカに誕生し、世界中に拡散していった。そういう生物はほかにはいないだろう。一般的には、まっとうな生物というのは、自分たちのテリトリーを守って、あまり移動していかないものなのだ。

もちろん、渡り鳥やサケのように、長距離を移動する生物もいる。だが、それらはエサや産卵場所を求めて、決まったルートを移動するだけで、そうした行動は遺伝的にプログラムされているはずだ。

まっとうな生物は自分のなかになにか制約を持っているのか、やみくもにどこへでも行ってしまうことはほとんどない。

小《お》笠原《がさわら》諸島にメグロという鳥がいる。小笠原諸島の固有種だが、その遺伝子分析をすると、南太平洋のサイパン島のオウゴンメジロに近縁なことがわかっている。昔、サイパン島からかなりの距離を渡ってきたわけで、生物としては珍しいほうだ。

でも、小笠原に来るときは飛んできたはずなのに、現在はすごく保守的で、移動するつもりはまったくないらしい。

母島《ははじま》本島といくつかの母島の属島にしか生息していないが、同じ属島でも、400メートルしか離れていない別の島にはいない。原生林で同じような木が生えているのに、不思議である。

私が母島に行ったとき、メグロはすごく人なつっこくて、人間を全然こわがっていなかった。われわれが弁当を食べていると、平気で帽子に止まったりする。

捕食者もいないし、人間が少ない島だから、「人間はこわい」とか、「ほかの動物に出会ったら逃げろ」といった習性がないのだろう。

ならば、わずか400メートルの隣の島にも渡ってみればいいのに、と思うのだけど、まあ、差し迫った必要がなければ、無理に渡ることもないのかもしれない。

だから遠い距離を移動していった生物や、外来種でなにかと問題を起こしているような生物は、よほどのっぴきならない事情があったか、タガが外れた変な動物か、どちらかだろうね。

アフリカで生まれた人類は、アフリカを出てヨーロッパをへてアジアに渡り、７万年から６万年前にはオーストラリアに渡ったといわれる。１万年か２万年くらい前頃には、氷河期で歩行可能になっていたベーリング海峡を伝ってアメリカ大陸に渡っていったと考えられている。それからあっという間に南アメリカにも行った。

人間はタガが外れているともいえるが、別の見方をすれば、進取の気性《きしょう》にも富んでいるのだろうね。人間の進出力はすごいものだと思う。
人種でも、中国人は世界のあちこちへ行く。世界各地に、こんなところまでと思うようなところにもチャイナタウンがあり、その中華街はどこも密集している。

なにもあんなに密集して暮らさなくてもよさそうなのに、どうもわざわざ密集させているとしか思えない。

世襲が増えていく国

中国人は子どもをつくることにすごく熱心だ。個人主義的とは正反対でネポティズム

(縁故主義)といって、一族郎党をとても大事にする性向がある。

中国共産党でも役所でも、自分が権力の座につくと、自分の子どもや親族をしかるべきポストにつけたり、公金をどんどん横流ししたり、公共事業を親族の会社に与えたり、とやりたい放題である。

しかも、それが当然の権利のように受け取られているのである。そういう傾向はアフリカや韓国にもある。

中国の党や官僚の幹部など、半分は世襲みたいなものだろう。日本も昔は藤原氏などがそうだったけれど、いまの時代には表向きには流行らない。つまり、世襲が公的に当たり前という社会は、頭の中が近代以前ということなのだろう。

われわれが意識的にそうしなくなったのは、西洋文化の影響にちがいない。日本人は「コネ=悪いこと」という意識が強く、自分がコネ採用といわれると、なにかうしろめたいような、嫌な気持ちがする。けっして褒《ほ》め言葉じゃないもの。コネを嫌う風潮になったのは、西洋の近代化の影響を受けていることは間違いない。

大学の教員人事でも、まともな大学では自分の後任の人事には関わらないことになっている。業績よりコネを重視したら学問は進歩しない。

日本も明治になる前は、殿様はみな世襲だったし、それが当たり前だった。いまでも、小さな会社や伝統芸能などの狭い世界では世襲だが、公《おおやけ》の場で堂々と世襲をしているのは天皇だけだろう。天皇は世襲でないといけないといわれるから、当該者はかえって大変だ。

政治家は世襲といっても、いちおうは選挙の洗礼を受けるので形式的には民主的に選ばれるわけだけれど、支持者以外の人たちからは2世、3世議員は褒められるより顰蹙《ひんしゅく》を買うほうが多いよね。

だが、中国の世襲軍団「太子党《たいしとう》」なんて、むしろ誇らしげな、あこがれの存在で、いまの習近平政権の後ろ楯《だて》として周辺をがっちり固めている。こうした強力な縁故関係が大なり小なりそれぞれにあるから、国境を越えて血縁ネットワークで広がっていけるのだろう。

アフリカなどでは、ひとたび政権がひっくり返ると、大臣まで全部自分の親戚になってしまう。選挙なんてほとんど部族戦争みたいなものだ。欧米諸国がいくら民主主義を強要したって、どうしようもない。

小さな戦争でバランスをとっていた

タガが外れた生物である人間は、最近になって第一次世界大戦、第二次世界大戦と2度の大きなクラッシュを引き起こした。

戦争や疫病《えきびょう》は人口が減少する最大かつ最悪の要因といえそうだが、これからは同様の世界大戦は起こしたくても起こせないだろう。

核兵器攻撃をおこなえば、地球自体が汚染されてしまうからだ。核兵器を持たない国だって、ミサイルで他国の原発を狙《ねら》えば同様の効果が得られるかもしれないが、自分の首もしめるようなそんな攻撃はおいそれとはできない。

そもそも人間はなぜ戦争をするのか。ヒトの本能なのか、タガが外れた生物だからなのか。

カントは「人間を地上のあらゆる場所に住まわせるため、自然は戦いという手段を選んできた。戦うことは、人間の本性にはじまっている」（『永遠平和のために』池内紀訳、集英社）と述べているが、どうだろうか。

少なくとも、世界大戦などを起こす生物は人間だけというのは確かだね。

一方、こんな話もある。かつてパプアニューギニアはオーストラリアの統治領だった。1970年代にオーストラリアが引き揚げて独立国になったら、国内のインフラが大混乱におちいってしまった。

オーストラリアの統治下では道路もきれいに整備されていたが、道が傷《いた》んでもだれも修理しようとしない。引き揚げて10年もしたらボコボコになってしまい、車もまともに通れなくなった。

イモを主とする原始的な農耕生活を送っていた人々は、白人が残していった文明的な生活を使いこなすことができなかったのである。知識階級も少なく、人々は昔ながらに精霊《せいれい》を信じ、部族社会に生きていた。

オーストラリアが引き揚げるとき、指導者を選挙で決めるよう指導していったから、いちおうは選挙をしたが、実態は部族抗争だった。負けた部族は腹いせに勝者側の2〜3人を、血祭りにあげたりする。そうでもしないと腹の虫がおさまらないからだ。

勝ったほうも勝ったほうで、「まあ、俺たちが勝ったんだから、それくらいはしょうがないか」などといって、あまり文句もいわない。

おおらかといったら語弊《ごへい》があるかもしれないが、なんともいい加減な感じでいい。もちろん、いまでは近代化されてそんなことはないだろうけれど。

話が長くなったが、つまり部族社会の時代、小さな戦争は一種の娯楽で、必要悪だったのかもしれない。

昔の首狩り族同士の戦争も同じようなものだったと聞く。1年に1度戦争という名の娯楽をやって、どちらかの1人でも死ぬと、そこで終わり。

「去年はこっちが殺したんだから今年はしょうがない。だけど、来年はまた俺らが殺して、借りを返そうぜ」といった具合だろうか。

全面戦争にならないところで均衡《きんこう》がとれていたのである。小さな集団同士では、派手に大戦争を起こして全滅なんて事態にならないよう、そうした生存上の知恵を身につけていた、と見ることもできる。

日本の祭りにも、諏訪《すわ》の御柱《おんばしら》祭や岸和田のだんじり祭など、死者が出るものがある。むちゃくちゃやるなあ、と思っていたが、同じようなものだろうか。

「食べて出す」にしばられる

食料が人口を決める

『人口論』を書いた経済学者マルサスのいうとおり、子どもは産みさえすれば幾何《きか》級数的にどんどん増えるけれど、食料は急速には増えていかない。つまり、人口が2倍、4倍、8倍と増えていくのに、食料は1倍、2倍、3倍、4倍と算術級数的にしか増えないのである。

当然、そのままでは人口増加が食料の増加を追い越してしまうし、どこかでクラッシュが起きることになる。

たしかに動物などはそういう増え方で、エサがなくても子どもがどんどん産まれるが、しばらくすると餓死するから、それでなんとかバランスがとれている。

マルサスは18世紀末に『人口論』を刊行して、このまま人口が増えていけば、同じように人間も餓死したりして大変なことになるぞ、と警告を発していたわけだ。

実際、食料がなければ小さい子どもはどんどん死んでいく。アフリカなどを見ればわかるように、先に犠牲《ぎせい》になるのはたいてい幼い子どもだ。

マルサスの人口が幾何級数的に増えるというのは理論上の話で、実際は疫病があったり、飢饉《ききん》があったりで、そんなに簡単には増えていかない。もちろん、人口を決めるのは究極的には食物の量である。

江戸時代は３０００万人しか養えなかった

日本では１６００年代初頭、江戸時代のはじまりの時期から人口がいきなり増えはじめた。戦乱の世が終わり、天下泰平になって食料生産が上がったからだ。

その後、江戸中期から１８６０年代の明治維新頃まで、人口は３０００万人程度となっ

ており、それをほとんど超えていない。

人口を規定していたのは、食料の生産量である。生産量はそのときどきの技術水準や農地の肥沃《ひよく》度、気象などの影響を大きく受ける。

江戸時代は鎖国をしていて、外国からの食料は入ってこなかったから、完全自給自足である。だから、生産量に見合った人口となり、飢饉があればちょっと下がって、天候がよくなるとまたちょっと上がって、という感じで３０００万人以上にはならないまま、ほぼ安定していた。

つまり、江戸時代のキャリング・キャパシティは３０００万人ということだ。

現在の食料自給率（カロリーベース）は38パーセントである。

いまは昔に比べて食べ物を捨てることが多いから、自給率といってもちょっと意味合いが違うし、江戸時代の人たちが食べていた量とわれわれが食べている量とは、おそらく倍以上の差があるだろう。

現代人は食べすぎて太ったから運動しなければいけない、などといっているくらいだ。現在の農耕技術をもってすれば、輸入に頼らなくとも、ぜいたくさえしなければ国内生産量だけで日本人全員を養えるにちがいない。

40歳で隠居の人生

人口３０００万人の江戸時代は、幼児や若くして死ぬ人がけっこう多かったから、平均寿命は30歳くらいだったと思う。

上流階級の人は35歳から40歳くらいになると隠居していた。いまは、ご隠居さんというと60とか70歳くらいのイメージかもしれないが、当時はその年齢ではだいたいの人が死んでいただろう。

江戸時代の大名が家督《かとく》を息子に譲るのもだいたい40歳前で、そのあとはご隠居さんになって、好きなことをやってのんびり暮らしていた。家督を譲られるほうは、20歳ちょっとくらいか。昔は16歳前後が元服《げんぷく》だから、18歳くらいで殿様になる者もたくさんいた。

それから37、38歳頃までやるとすると、実働は20年くらい。あとは隠居して好きなことをやって、というのが粋《いき》な人生だった。そして、そういう人がいろいろな文化のにない手になった。文化はご隠居さんがつくったんだね。

全国地図をつくった伊能忠敬《いのうただたか》にしても、あれは隠居後の道楽でやったことだ。

早稲田大学は70歳定年で、私も先頃大学を辞めた。昔の人みたいに40歳くらいで隠居していれば、好きなことにいろいろ打ち込むことができただろうに、なんだかんだと長く働いてしまったものだ（本当はあまり真面目に働かなかったけれどね）。

あなどれない排泄物処理の話

人口と食料の関係は古くからある問題だが、近年はエネルギー問題の占める比重が大きくなっている。江戸時代にはエネルギーはそんなに重要ではなかったけれど、いまではエネルギーがなければ生活できないような社会システムになった。

ところで、食料がなければ餓死してしまうが、エネルギーはなければないで、生きていけないことはない。食料と煮炊きする程度のわずかなエネルギーがあれば、なんとかなる。暗くなったら寝ればいいし、寒かったら囲炉裏《いろり》のまわりで重なり合ってゴロゴロしていればよい。それで耐えられないようなところには、人は最初から住んでいない。

人類の歴史からすれば、電気や自動車を利用するようになったのは、ごくごく最近のことだ。江戸時代はみんな歩いていたし、ホタルの光や窓の雪では本は読めないけれど、ロ

ウソクや油で明かりをとる程度で生活ができた。

だから、いまだってエネルギーがなければないなりに、なんとかなると思う。というより、なんとかせざるをえない。

ただし、東京のような都市にたくさんの人が集中して暮らすのは無理だろう。エネルギーなしでは流通が追いつかないからだ。

昔の江戸は相当に大きい都市で、人口100万人はいたと思うが、流通はうまくいっていた。近郊の農家が江戸に住む人のために米や野菜をつくって、人力や馬力、船などで運んでいたからだ。

1日か2日で運べるくらいの圏内でまかなうしかないが、あとはリサイクル社会でうまく回していた。

人口が増えると、食べることの対極にある「出す」こと、つまり糞尿《ふんにょう》の処理が大変になってくる。江戸時代は糞尿を溜めて、それを肥料にして食料を生産するというリサイクルをしていた。

いまの原発にはそこが欠けているからダメなのだ。

昔の話だが、ロンドンやパリなどは糞尿を窓から路上に投げ捨てていた。道路の真ん中を歩かなければ、両脇からいつ黄金爆弾が飛んでくるか知れたものではない。衛生状態の悪化は深刻で、そのためにコレラなどの伝染病が流行した。

そこへいくと、江戸には汲み取り業者（農民）がいた。糞《くそ》には食物の未消化部分も混ざっているので栄養価が高い。

汲み取り業者は「金肥《きんぴ》」といって、排泄《はいせつ》物をけっこう高く買い取ってくれた。組合もあって、今年の相場はどうするかなど、みんなで談合して決めていたらしい。そういうリサイクルシステムが確立していたのはすばらしい。

江戸の糞尿リサイクル

たとえば、江戸の長屋の糞尿はだれのものかというと、じつは長屋の大家のもの。店賃《たなちん》を取っておきながら、店子《たなこ》の糞尿まで独り占めしていたのだ。大きな商家の汲み取り権を持っていた業者は、けっこうな金にもなったし、その権利の売買もできたという。

業者内でいちばん偉かったのは、江戸城の糞尿を汲み取っていた者だ。葛飾《かつしか》のほうの農民で、船でお堀を渡って、大奥や将軍様の糞尿をもらい受けていた。

名字帯刀《みょうじたいとう》を許されていたというから、「百姓《ひゃくしょう》」どころでなく、れっきとした郷士《ごうし》である。長屋の糞尿なんて、どうせろくなものを食べていないから安かっただろうが、江戸城の糞尿はさぞや高値で取引されていただろう。

一方、ロンドンのテムズ川などは完全にドブ川状態だったから、疫病が流行るのも当然である。なんとか疫病を克服《こくふく》できたのは、公衆衛生意識の向上と、下水などのインフラを整備したからだ。

東京は江戸時代に上水や下水をうまくつくっていったので、それでずいぶんと助かったのではないか。それまでは水が原因で伝染病にかかっていた割合は高かったはずだ。玉川上水など水路を整備したのは、そういうことがわかっていたからで、偉いものだよね。

いまの人は糞尿を汚いと思うだろうけど、ただ捨てているのではもったいないなと私は思う。熱湯消毒し、乾燥して圧縮すれば、高級な肥料になるはずだ。

昔のトイレは汲み取り式だったから、ゴミでも何でも便ツボに投げ捨てていた。だから、肥料にならないものまで混じっていたが、いまの水洗式トイレには、糞尿のほかは紙くらいしか捨てないから高純度である。処理するのも簡単で、肥料効果も高いと思うのだが、どうだろう。

糞虫の住みにくい世の中

三内丸山の集落は１５００年つづいたというけれど、そんなにつづかなかったのではないかという説もある。５００人程度の集落でも、毎日、糞尿が相当に出ただろうから、それをどうしていたかを考えると、そんなに長つづきするとは思えない、ということだろう。

でも、そう言う人は生き物の生態を知らない人だね。

昔は糞を食べて分解する動物が、身のまわりにいっぱいいた。ラオスの田舎では、人間の排泄物をブタの食料として再利用していた。人口が５００人くらいだったら、適当なところにウンコをしておけば、コガネムシ系の糞虫《ふんちゅう》がすぐに分解して土に還してくれるから、どうということはなかったかもしれない。

私はカミキリムシ好きだが、虫好きのなかには糞虫マニアもいて糞虫ばかり集めている。彼らは前の晩、糞虫が来そうなところに自分の糞を残しておき、翌朝行って、その糞をかき回して、中に入り込んでいる糞虫を捕まえていた。

糞虫そのものはすごくきれいだけれど、私はそんなところにするのは嫌だから、自分では糞虫は採らなかった。

友だちに糞虫好きがいて、「俺、今日は便秘だから、池田、ここでやってくれ」と頼まれたことがある。「なんで俺がここでしなきゃいけないんだよ」と断ったけれどね。

ラオスなどに行くと、牛がいっぱいいる。糞虫が好きなやつは、道や野原で牛の糞を見つけると、這《は》いつくばってフンコロガシを見つけては、「おっ、カッコイイ！」と素手で採ったりしている。その手で平気で食事するんだから、きたないとは思っていないのだ。

現代は牛馬が街路から消えて、都会では糞虫は絶滅危惧《きぐ》種になっている。糞虫は犬の糞も始末してくれるから、かつては住宅街でもけっこう見つけることができたけれど、いまは飼い主が片づけてしまう。

糞虫にしてみれば、住みにくい世の中になったものだ。

糞虫のために、公園の一角に犬用のトイレを設置して、「ここで犬に糞をさせてください。後始末は不要です」とかなんとか書いておけば、糞虫とも共生できるのに。

街をきれいにするのはいいけれど、その陰でいろんな虫が死んでいるということにも気づいたほうがいいかもね。

新しいエネルギーはあるか

24時間社会の終わり

日本がいまのような24時間社会になったのはいつからだろうか。深夜もコンビニの明かりが煌々《こうこう》とつき、ファミレスやディスカウントストアが長時間深夜営業をしている。もちろんエネルギー資源のムダ遣いだし、店員だけでなく客だって身体にもよくないだろう。本来だったら朝、明るくなったら起きて、暗くなったら寝るというのが自然だし、使用する電気はずっと少なくてすむ。

人が日常生活のなかでもっともエネルギーを使うのは光熱費で、いまでは夜も目いっぱ

い使うから、膨大《ぼうだい》な量になっているだろう。

昔は照明といっても、豆電球みたいなものをつけていただけで、冷蔵庫もなければ、エアコンもなかった。夜は電気なんてほとんど使っていなかった。

24時間年中無休の生活に慣れてしまうと、短時間の停電でもとんでもないということになる。

戦後しばらくのあいだ、日本の電力の70~80パーセントは水力発電によるものだった。それからずっといまに至るまで、水力で発電している量はほとんど変わっていない。ところがいま、水力発電の量は全体の10パーセントにも満たない。残りのすべては、われわれがめちゃくちゃに使いだした量ということだ。戦後まもない頃と比べたら、おそらく10倍くらいのエネルギーを使っているのだろう。

いまは年中無休、24時間営業が当たり前のようになっているが、こんなバカなことをしているのは日本だけだ。

なぜ夜中までテレビ放送をやっているのか、私には理解できない。以前は、NHKは夜の11時くらいになると「君が代」を流し、日の丸がパタパタはためく映像とともに放送終了となり、次の日の朝までザーザーと砂嵐が映っているだけだった。

いまはＮＨＫも深夜まで放送をしている。それでいて省エネを提唱しているのだから、愚《ぐ》の骨頂《こっちょう》だ。実際のところ、夜中にテレビなんか放送しなくても困らない。災害などの緊急放送だけやってもらえれば十分ではないか。

サービスにしても、日本人は「お客様は神様」のごとく、ひたすら仕えてもらうのが当然のような風潮になって久しい。電車はいつだって時刻表どおりにちゃんと動いている。日本のすばらしさのように語られるが、それって細かすぎて、世界から見たらかえってヘンな国じゃないのか。いろいろなところで省エネは進んでいるのに、根本的なところでは、エネルギーの使い放題なんだから。

最近、人手不足とか働き方の問題で、24時間営業や年中無休をやめるところが出はじめてきた。ようやくといったところだね。

エネルギーがなくなると地域社会になる

昔は江戸と京のあいだを、普通の人は2週間くらいかけて歩いていったという。往復するのに4週間はかかった。緊急物資を早く運ぶことはできなかったし、通信手段がなかったから、大変は大変だったけれど、それでも暮らしていくことはできた。

ただ、大事なものを江戸から京都の御所に運ぶには、特別な飛脚が3日か4日くらいで運んでいた。1人で走らず、駅伝のようにつなぎながら東海道を何十人かで走っていた。もっと早く運びたいときは、人のかわりに馬でつないでいた。

いまは、情報はEメール一発で世界中に届く。金の振り込みも数字の入力だけで相手方に届く。だが、実体のあるモノはそういうわけにはいかない。だから、エネルギーがなくなってもっとも困るのは物流だろう。

現代は日本のたいていのところに、翌日から翌々日には物資や荷物が届く。ひと昔前までは考えられなかったことだ。

エネルギーにも家庭部門、製造部門、流通部門などいろいろあるが、流通部門のエネルギーはなかなか減らない。

エネルギー自給率がわずか7パーセントの日本で、エネルギーがいまみたいに使えなくなったらどうなるだろう。

地方との往来は制限され、モノを右から左に運べなくなるから、必然的に地域社会になっていく。いまのように電話一本で北海道からいきなりカニが届くということもなくなり、地域のなかでしかやりくりできなくなる。地産地消ということだが、お店に地元の、より新鮮な食品がたくさん並ぶようになるかもしれない。

アマゾンにネットで本を頼んで翌日に届くということもなくなる。いま、全国で町の本屋がどんどん潰れているが、それに少し歯止めがかかるかもしれない。

地方で品ぞろえをよくした店がやっていけるのは並外れた流通網があるからで、つまり、ものすごくエネルギーを使っているということだ。

化石燃料があとどのくらい持つかわからないけれど、今後のエネルギーのあり方としては、そのへんをどう考えるかだと思う。

原発の夢をいつまで追いつづけるのか

日本の原子力発電所はいま（２０１８年5月現在）、九州電力の川内《せんだい》原発（２基）・玄海原発（1基）と関西電力の高浜原発（２基）と大飯《おおい》原発（２基）、四国電力の伊方《いかた》原発（1基）の計8基が稼働中だ。

福島第一原発の事故後、5年もたたないうちに原発は次々と再稼働をはじめた。いい加減にやめないと本当にまずい。原発の危険性はさんざんいわれてきたし、私もこれまであちこちで書いてきたから、要点を簡単に書いておくだけにする。

・原発はいったん事故が起きたら適切に処理する方法がない。
・原発は、発電コストは低く見えるが、事故が起きたら事故処理、事故後の放射性廃棄物処理、不毛になった地域の自然・経済損失を合わせると、膨大《ぼうだい》なコストがかかる。
・老朽化《ろうきゅう》した後の廃炉にも巨額の費用がかかる（高速増殖炉《ぞうしょくろ》「もんじゅ」は廃炉を想定していなかったため、計画どおりに廃炉にできるか不明）。
・高速増殖炉は1兆円以上かけても、いまだ成功せず、それとリンクするはずだった「核燃料サイクル」も失敗中である。青森県六ヶ所村にある再処理施設も、2兆円以上かけても稼働の見通しは立っていない。
・地震大国の日本ではまた大地震が起きる。長期的に見れば原発事故もまた起こる。
・原発が安全に稼働したとしても、原発のエネルギー源であるウランは長くてあと100年で枯渇《こかつ》する。とても未来のエネルギー源にはならない。
・原発がなくても電力は不足しないことは明らかになっている。

・日本は人口が減少していくのだから、エネルギー使用量も減っていく。危険な原発で無理にエネルギーをつくる必要はなくなる。
・以上を考えれば、原発稼働にはどう見てもマクロ合理性があるとはいえない。

３・11後、日本では化石燃料（天然ガス・石炭・石油）による火力発電が主となった。化石燃料の購買量が増え、電気料金は値上げされた。それに対して、短期的コスト増を嫌うミクロ合理性を重視する人は「当面を乗り切るためにも原発が必要不可欠」という。だが、仮に３・11の被害がもっとひどいことになっていたら、様相はまるで違っていただろう。原発推進などと逆立ちしてもいえなくなっていたはずだ。

原発は人類史上最悪の道具なのだ。福島の事故後、ドイツ、スイス、イタリア、台湾《たいわん》、韓国は脱原発に踏み切っている。日本の政府はいつ目が覚めるのだろう。

２０３０年には原子力の発電比率を20～22％にするとの目標を掲げている。なにか、過去から必死に目をそらして見ないようにしているようにも思える。

太陽光や風力などの再生エネルギーを主力電源にという動きもあるようだが、原発をどうするかは不明である。

核燃料サイクルでは、原発の使用済み核燃料からウランとプルトニウムを取り出して再利用する目論《もくろ》見《み》だったため、日本はいま大量のプルトニウムを保有している。およそ47トン。原爆に換算すると約６０００発相当だという。

核燃料サイクルがうまくいかず、プルトニウム大国となった日本に対して、海外から懸《け》念《ねん》の声が上がっている。危険な国だと見られはじめているのだろう。

原発をやめて、核燃料サイクルの幻想もあきらめて、もういっそのこと核兵器をつくったほうがいいんじゃなかろうか。そのほうが抑止力にもなる。ただし、世界から総スカンを食って北朝鮮みたいになるけどね。だから現状では無理だ。

有望株は地熱発電

では、資源がとぼしい日本に合うエネルギー源は何だろうか。

水力発電は、もうこれ以上大規模ダムは増えないだろうから、現状のままである。

風力発電も太陽光発電も、風車やメガソーラーの設置による環境破壊の問題が大きい。

それに両方とも天候頼みだから、コンスタントな発電量が担保できない。そのほかにも、

いろいろな問題があるので、この2つは賢い選択とはいえない。

いまのところ、石炭と天然ガスの火力発電が、発電コストがもっとも安いので、しばらくはそれで食いつないでいくほかないようだ。ただし、この2つの資源は国内にはとぼしいので、輸入に頼らざるをえない。シェールガスの輸入もはじまり、徐々に拡大していくだろう。

以前、天然ガスの一種であるメタンハイドレートが日本の沿岸部の海底に埋蔵されていると騒がれたけれど、採掘コストが高すぎて実用化のメドはたっていないから、あまり期待はできないだろう。

今後、いちばん有望なのは地熱発電だ。これなら、うまくやれば比較的安いコストでできる。さらに技術革新が進めば、シェールガスのように安価になるだろう。

地熱はすべて自前だから、輸入しなくてもいい。火山列島の日本は、世界第3位の地熱資源大国なのだ。

ただ、問題は立地で、日本は地熱のほとんどが国立公園の中にある。環境省は自然公園内の地熱発電所を規制しているが、景観は悪くなるかもしれないが、電気と景観のどちらをとるか、国民に判断してもらうほかない。

いま、国内で稼働している地熱発電所は17ヵ所。さらに箱根の大涌谷《おおわくだに》や草津など、各地に大きな地熱発電所をつくれば、原発10基分くらいの電気はすぐにまかなうことができる。

以前、アメリカの環境活動家レスター・ブラウンが来日して上智大学で講演したとき、日本がいま使っている電力の3倍くらいは地熱発電でまかなえるといっていた。調べてみたら、潜在的にはもっとまかなえるようだ。だけど、コストが割に合わないとか、技術的にむずかしいらしいという問題も出てきた。

技術的な問題は、本格的に乗り出すことで2〜3割はすぐに改善できるだろう。いまは国立公園の特別保護地区と第一種特別地域には建設できないが、第一種特別地域に熱源があれば斜めからマグマ溜まり（地下約2〜4キロの深さに溜まったマグマのこと）にアプローチする方法が可能である（特別保護地区は傾斜掘削《くっさく》も禁止）。

大涌谷のように熱源が露出《ろしゅつ》しているところに建てられれば100パーセントの成功率だが、温泉の掘削と同じようなもので、ここを掘れば出るという場所を見つけるのにけっこう金と時間がかかる。

それに、せっかく発電所をつくっても、噴火が起きたら元も子もない。

実際、箱根山は活火山で2015年6月、大涌谷で小規模な噴火があった。それなりのリスクはあるけれども、潰れるのはそこだけだから、原発ほどの大きなリスクではない。日本には温泉はいくらでもあるし、火山もあるのだから、立地には事欠かない。メンテナンスが大変だとか、さまざまな問題はあるけれど、技術の進歩で深いところにあるマグマまで利用できるようになれば、相当にいけると思う。

下水処理でリサイクルエネルギー

バイオマス（生物由来資源）を利用した次世代のエネルギー源としては、藻類《そうるい》が注目されている。

藻類の細胞に含まれるオイルを抽出して液体燃料にするというもので、お目当ての藻類だけを適切に培養《ばいよう》するのと、オイルを取り出して精製する技術にコストがかかる。いまのところまだ採算がとれていないが、うまくできるようになればけっこういけるはずだ。

なにしろ池を掘って、そこにボトリオコッカスという光合成の藻類を入れて、あとは水を入れるだけだ。肥料も要らない。そうしておけば、光合成をおこなってどんどん増えるから、半分だけ取ってオイルを抽出する。残りの半分は、放っておけばどんどん増えて、すぐに元どおりになる。

しかも、トウモロコシやアブラヤシといったバイオ燃料より、耕地面積当たりのオイル生産量がかなり高いのだ。ただし、役に立たない他種の藻類も増殖するので、ボトリオコッカスだけを培養するのはむずかしいようだ。

トウモロコシなどのバイオ燃料は人間の食料でもあるから、燃料と食料でコンペティションを起こしやすい。その点、藻類は人間の食料にはならないから、競合を起こすことがない。

藻類は光合成をおこなうから、光がないところでは育たないけれど、太陽光発電のように天候に左右されることはそれほどない。

一方、ボトリオコッカスと並んで話題になったのが、オーランチオキトリウムだ。光合成をせず、有機物を食べて育つので、どちらかといえばカビのたぐいだね。ここから石油の主成分と同じ炭化水素のオイルを取り出すことができる。

開発者である筑波大学の渡邉信《わたなべまこと》教授は、東北大学と共同で、この2つの藻類を利用した下水処理プロジェクトを仙台市でおこなっている。

雑排水に流れる動物の排泄物などには有機物がたくさん含まれている。オーランチオキトリウムはそういう有機物を食べて育つ。

このオーランチオキトリウムとボトリオコッカスを組み合わせて、それぞれの特性を生かしながら、オイル生産と下水処理をやろうというプロジェクトである。下水処理をしながら燃料生産ができれば、一石二鳥ではないか。

従来の下水処理では、かかった費用はそっくり消えてしまう。ところが、下水処理に１億円かかるとして、それで育てたオーランチオキトリウムから２０００万円分の燃料を取り出すことができれば、下水処理は８０００万円ですむ計算だ。

あまり効率はよくないかもしれないが、ただ捨てるよりよほどマシだろう。

今後さらに生産効率のいい藻類に改良できれば、下水処理をすればするほど儲《もう》かることになるかもしれない。

たとえば、家で水道料金が８０００円かかったとしても、下水料金がマイナス３０００円だったら、相殺《そうさい》して５０００円ですむようになる。

「下水をもっと出せば、水道代がどんどん安くなります」なんてことになれば、地方自治体同士で、下水の取り合いになるかもしれない。江戸時代の糞尿と同じだ。

技術は生活も倫理も変える

代替エネルギー源はまだいくらでもあるが、要は効率の問題で、どれだけ安くできるかがカギとなる。いまのところ、安い化石燃料があるうちはそれを使うしかないけれど、いずれそれがなくなれば、あとは効率が悪かろうとどうしようと、あるもののうちでもっとも安いエネルギー源を使うほかない。

電気料金がいまの10倍になったとすれば、自然と「テレビをつけると金がかかるから、必要もないのにつけるのをやめましょう」という行動になるし、電気を使っている人間はぜいたくだという話にもなる。

「あのうちは夜中の12時まで電灯をつけているから、よほど金持ちなんだろう。泥棒にでも入ってやるか」という話にならないとも限らない。

燃料代がものすごく高くなれば、移動するのも大変である。昔は外国に行くのが高かったから、簡単には行けなかった。いまみたいに、香港に数千円で行ける時代がくるとは思わなかった。

でも、これからエネルギーが高価な社会になれば、みんなあまりムダに移動することもなくなるし、輸送費が高いから地産地消にしましょう、ということにもなる。グローバル企業なんていうのも減っていくのではないか。

エネルギーがどれくらいの効率で入手できて、どれくらいの値段になるかによって、世界の経済はガラッと変わるのだ。

生活や行動を変えるのは理念ではなく、技術である。

人はラクをしたがる生物だから、どんなに「エネルギーは使わないほうがいいですよ」とか、「生物多様性を大切にしましょう」といってもダメなんだね。

倫理をいくら説いても生活を変えることはできないけれど、みんな便利で安上がりなものを使うから、技術は生活も倫理もどんどん変えていく。

技術革新によって、世の中はすべて変わってしまう。

人間が安全に暮らしたいなら、マクロ合理性に合ったエネルギー技術を選択するしかないと思う。

第3章　さよなら資本主義

幻想はいつか行き詰まる

資本主義は欠陥システム

19世紀の終わり頃から、世界の主要国は資本主義社会になった。

資本主義というのは格差を利用したシステムだ。安い労働力を使って商品を安くつくり、それを高く売れるところへ運んで売る。その差額が儲《もう》けである。

その差額が少なくても取引量が多ければたくさん儲かるわけだから、人口が多いほうがいい。だから資本主義をやっている限り、人口を増やすほうにドライブがかかる。人口を減らす方向には向かわない。

「日本の人口が減ったらＧＤＰ（国内総生産）が減る」と文句をいっている人がいる。内閣府の少子化対策キッズページというサイトでは「働く人たちの人口が減（へ）ると、今のままの経済（けいざい）や社会の成長を続けることがむずかしくなるんだ」とある。

生態学的には人口が減ったほうがいいに決まっているにもかかわらず、いまのシステムを維持したい人たちは人口を増やすことしか考えられなくなっている。

資本主義というシステム自体、生態学的に見ると、欠陥システムなのだ。

資本主義がうまくいくのは、人口がどんどん増えても、資源がたくさんあって、いくら使っても平気という期間だけである。その期間が終われば、資本主義はクラッシュして、機能しなくなる。

19世紀の終わりから21世紀の初頭くらいまでは、資源は豊富にあった。たとえば石油の埋蔵量《まいぞう》などは、新しく油田が見つかってどんどん増えていった。

「石油は無限にある」という人がいるけれど、地球そのものが有限なのだから、埋蔵量が無限であるわけはない。これは言葉どおりの意味ではなく、「まだ探せばほかにもある」ということだ。有限である以上、使えば使うだけ埋蔵量は減っていくほかはない。

たしかに、まだ掘ってないところはいくらもあるけれど、新しい油田はそんなには見つからなくなってきているのが実状だ。

資本主義というのは、利用できる資源の無限性と、経済成長の右肩上がりが延々とつづくかのような幻想を前提にしている。

かくいう私も、バブル真っ盛りの80年代の半ば頃には、株価は無限に上がると錯覚していた。実際、一時期はどんどん上がったけれど、やっぱりダメになる。無限に上がることなんてありえないのだ。

にもかかわらず、資本主義者はその幻想をまだ夢見ていて、それに合わせたシステムをこの先も推し進めようとしている。そのためには、エネルギーは必要だし、人も増えなきゃならない。だから、原発を動かして、少子化対策をやって……という政策を、日本はあいも変わらず懸命《けんめい》にやっているわけだ。

マクロで見たら資本主義はダメなシステムだということは、生態学的にははっきりしている。当たり前のことだけれど、人口を減らして、それに合うようなシステムにつくり替えていく必要がある。けれど、世界を牛耳《ぎゅうじ》っているエスタブリッシュメントの頭の中はそういうふうになっていないから始末が悪い。

社会主義という名の資本主義国家・中国

いまの日本では、食べ物はあるのに人口が減るという現象が起きている。食べ物の増産と人口増はパラレルになるはずだという生態学の原理からは考えられない事態だ。

ほんの少し前までは女性の高学歴化は考慮されていなかった。女性が高学歴になり、社会的進出をして仕事に励めば、働きながら子どもを産み育てるのはけっこう大変なので、出産率の低下と人口減少は避けられない。それは日本だけでなく、先進国のどこも同じである。

でも、そうなると資本主義は困る。だから世界規模で展開するグローバル資本主義（グローバルキャピタリズム）のもとでは、国内に外国からの移民を入れるか、さもなければ、人間がたくさんいて、人件費が安いところに工場を移転していくようにならざるをえない。日本の進出先は長いこと中国だった。その中国もだんだんＧＤＰが上がって国民の意識が高くなってきて、「もっと賃金を払え」みたいな話になってきた。

そこで、今度はベトナムに行って、その次はラオスに、ミャンマーに、とどんどん安いところに移っていく。

ようやく安価な労働力を確保してほっとひと息もつかのま、いままでは田舎で半分自給自足みたいな生活をしていた人たちに、賃労働によって「安く買い叩《たた》かれているのではないか」という意識が芽生えてくれば、ふたたび賃金を上げていかざるをえなくなる。そしてまた次を探して……、このくり返しである。

中国は、いままでものすごく安い賃金で人民をこき使い、中国共産党の一部の人間だけが甘い汁を吸っていた。

共産党幹部たちやそれに連なる人はみんな巨額の金を外国に貯め込んでいる。日本円にして、何千億どころか、ほとんど兆に近い金額を蓄財しているようだが、その金は人民・農民から搾取《さくしゅ》したものである。

中国は「社会主義市場経済」を標榜《ひょうぼう》し、社会主義に市場経済を導入したといっているが、実態は格差を利用して搾取する資本主義そのものだ。

民主主義国の資本主義と違うのは、共産党だから強権が振るえて独裁が容易だということか。国家をあげて資本主義に邁進《まいしん》できる、資本主義者から見れば理想的な環境といえるかもしれない。

社会主義をもっとも具現化した国・日本

その逆に、もっとも成功した社会主義国といえば、なんといっても日本である。

いまでもすごい社会主義だと思うけれど、「1億総中流」といわれ格差の少なかった戦後の日本は、世界でいちばん社会主義を具現化した国ではなかったかしら。

なにしろ、ひところは所得税の最高税率が75パーセントだった。それに最高税率の住民税18パーセントを加えると、最高税率はなんと93パーセントだった。

要するに、富裕層から巻き上げて、公共事業という形で地方にバラまいていたのである。1億円稼いでも、手取りは７００万円にしかならない。それでも金持ちが文句をいわなかったのは、社会主義に心酔していた人が多かったからだろうか。助け合いの精神といえば聞こえはいいが、それにしても９割とはすごい話だと思う。

その後も90パーセント近い時代がつづき、ビートたけしは80年代の漫才ブームのときのことを「２００億円稼いで税金が１８０億円持っていかれた」と怒っていた。

さすがに、あまりにもひどいのではないかということで、徐々に税率が低減され、いま所得税の最高税率は45パーセント（年間所得４０００万円超が対象）、それに地方税（住民税）が10パーセントで、計55パーセント。1億円稼げば、少なくとも４５００万円は手元に残る計算だ（実際には抜け道がいろいろあって、もっと手元に残るらしいけれど）。

最高税率が90パーセント前後の頃、私の親父の同窓生で、大企業の社長をしていた人がいた。その人は何かを頼まれても絶対に謝礼を受け取ろうとしなかった。

「謝礼をいただいても、どうせほとんどは税金に持っていかれるんだから、なくても同じです」

謝礼をもらっても国に召し上げられてしまう。それくらいならあなたが取っておいて、自分のために使ったほうがいいですよ、といいたくなるのも当然だね。こんなのはまともな資本主義ではない。

賃金は格差から雲泥の差へ

日本は「1億総中流」といわれただけあって長いあいだ、一般社員と社長の給料差が非常に小さかった。アメリカは１９６０年頃から40倍になっているが、日本はせいぜい10倍

くらいだったのではないか。

牧歌的だったそんな時代はすでに終わり、いまや日本企業も欧米に追随している。東洋経済オンラインが「社員と役員の年収格差が大きいトップ５００社」というのを調べていた（２０１６年６月～２０１７年５月期の有価証券報告書などから計算）。

１位のＬＩＮＥは、役員平均報酬が12億２６８０万円で、従業員平均年収は７４３万円。その差は約１６５倍である。ＣＥＯの役員報酬は１億４５２６万円だが、ＣＧＯ（チーフグローバルオフィサー）なる人が57億４０２１万円もらっており、これが役員平均額を引き上げている。

２位はネクソン（オンラインゲーム会社）の57・７倍。役員平均が３億３８３３万円で、従業員平均は５８６万円。

３位はユニクロのファーストリテイリングで31・４倍。役員平均（＝会長兼社長の柳井正の年収。社内取締役は柳井のみ）２億４０００万円、従業員平均７６４万円。従業員平均にはアルバイトなどは反映されていないだろう。

４位の日産は29・８倍。役員平均２億４３５０万円で、従業員平均８１６万円。会長のカルロス・ゴーンは10億９８００万円で、前年より２７００万円の増額だそうだ。

国税庁の調査によると、２０１６年の正規雇用（役員をのぞく）の平均給与は４８７万円、さらに非正規雇用の平均給与は１７２万円だ。先の従業員平均と比べてもかなりの差だし、役員平均と比べればさらに格差は広がる。
日本の賃金労働者における非正規の割合は約４割、４位のゴーンの報酬と非正規給与の差は約６３８倍。格差というより、もはや雲泥《うんでい》の差である。

格差を利用する仕組みはもう無理

金持ちたちへ富の集中がつづき、貧富の差は開く一方である。「フォーブス」誌の２０１８年版の世界長者番付と総資産は次のとおりだ。

１位　ジェフ・ベゾス（アマゾンＣＥＯ）　11兆９０００億円
２位　ビル・ゲイツ（マイクロソフト元会長）　９兆６０００億円
３位　ウォーレン・バフェット（投資家）　８兆９０００億円

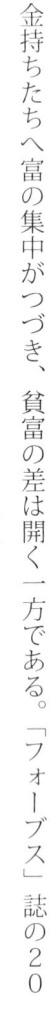

中国勢の進出も目覚ましい。
17位　馬化騰（テンセントＣＥＯ）　４兆８０００億円
20位　ジャック・マー（アリババ会長）　４兆１０００億円

日本勢はどうか。
39位　孫正義（ソフトバンク会長兼社長）　２兆４０００億円
55位　柳井正　２兆円

アメリカではこの、ベゾス、ゲイツ、バフェットの裕福３人組の合計資産額（約30兆円）は、下位50パーセントの米国人１億６０００万人の合計資産額を超えているそうだ。３人で国民50パーセント分以上の資産を握るとは、なんとものすごい時代になったものだ。

また、国際ＮＧＯ「オックスファム」の試算によれば、２０１７年に世界で生み出された富のうち82パーセントを１パーセントの富裕層が独占し、世界の人口の50パーセントは財産が増えなかったという。

資本主義は貧富の差を利用して儲けるシステムだが、ここまでくると、もはや暴走である。いずれこの制度は継続不能となる。

資本主義での労働者は、同時に消費者でもあるからだ。

多くの人たちは、商品のつくり手でもあり、買い手でもある。労働者を安い金で働かせ、儲けを資本家が取る一方的なゲームがつづけば、労働者＝消費者はやせ細っていくしかない。健全な消費者の育成という視点がなければ、商品をつくっても売れなくなるのは当たり前である。

いまはまだ途上国と先進国の差が激しいから、その差を利用して儲けていられる。途上国の人を使って上の連中が金を儲け、それをぐるぐる回してどんどん貯め込んでいける。だが、どうしたってその差は縮まっていく。差異を生み出す安い労働力がなくなり、さらにモノを買える余裕のある消費者も少ないとなれば、どうするのだろうか。

日本がそうだが、過渡的には、とりあえず正社員を減らし、労働者の全体的な賃金を安くせざるをえないが、それにも限度がある。中国もそろそろそのフェーズに入りつつあるだろう。

安くつくることもむずかしくなり、買ってくれる人も少なくなれば、資本主義は行き詰まる。

資本主義が終わると思っている人はあまりいないだろうし、終わらせまいと必死になっている人もいるだろうけど、いずれは崩壊せざるをえない。

一回まわって元に戻る

働かなくても幸せだったラオス

世界水準のなかで生きようとすると、どうしてもグローバル資本主義のなかで生きるしかないわけで、だったらいっそのこと鎖国してしまうのもひとつの方法としてあるのではないかという声も出てくる。

ただし、そのためには日本に独自の資源、エネルギーがないといけない。電気を使いたい放題使っている生活が当たり前になっている現代人には、電気が制限される生活などなかなか受け入れがたい。

最近はあえて「電気を使わない」生活を送っている人もちらほらいるようで、それはそれで快適なのかもしれないけれどね。

ブータンには、最先端の文明を実感していない人がおそらくまだたくさんいるだろう。ミャンマーもそうだし、私が虫採りのために滞在したラオスの山村には、電気や水道もきていなかった。買うモノがなければ、現金収入は必要ない。彼らは自給自足の生活をしていて、その日の食料が確保できれば、それ以上は働く必要がないのだ。

ラオスは温暖で、気候的にはコメの2期作も可能なのに、年に1回しかつくらない。「2回つくれるのに、どうして1回しかつくらないんだ」と聞いたら、「1回で十分食えるから」。これ以上働くのは面倒くさいから、1回しかつくらないというのである。

それで、男たちは朝からバクチをして遊んでいる。女性陣はいろいろと仕事をしているけれど、みんなで談笑しながらわいわいやっていて楽しそうだ。

自分たちの家のまわりに鶏や七面鳥、豚などを飼って、いざとなったらそれらを食べればいい。暇なおっさんたちが、当たるかどうかわからないロシア製の旧式の鉄砲を担いで狩猟にいって、たまにシカか何かを射止めれば、もうみんなで大騒ぎ。遊び感覚だね。

農耕ときどき狩猟採集的な自給自足生活をしていて、それで十分に幸せな生活が送れているのだから、なにもよけいな労働をする必要はないのである。

そうやって、田舎に行けば行くほど人々は幸せに暮らしている。

働く必要がないから働かない。働くということは、もう資本主義のなかに組み込まれていることなんだよね。勤勉は美徳という価値観は、資本主義のイデオロギーに洗脳されている証拠だ。

電気のおかげで一家離散に？

では、そういうところに電気がくると何が起こるか。

テレビを買う人間が出てくる。テレビは高価な商品だから、現金収入が必要になってくる。そこで、自分たちが食べる分だけではなく、いまよりよけいに働かなければならなくなる。

最初のうちは村長みたいな村の有力者がテレビを買って、それをみんなで見ているのだろうが、自分のうちでも見たいという人間が出てくる。

そうすると3軒か4軒がテレビを買い、テレビを持っているのがステータスになる。嫉《しっ》

妬心《と》も出てくるので、負けてなるものかと一生懸命働いて稼ぐようになる。いままでの倍以上の労働を強《し》いられるようになる。

さらに、テレビだけでは足りなくて、今度は冷蔵庫がほしくなったりする。次々とほしいものが出てくる。しようがないから娘を売ろうか、というような話にもなってくる。

もちろん本当に売るわけではなくて、金を儲けるためにいかがわしいところで働かせたりするようになるわけだが、それでも追いつかなくて、父親が出稼ぎにいくようになる。

かくして、幸福だった田舎の一家は、だんだんと離散していくのだ。

資本主義では、どうしてもそういう方向にドライブがかかってしまう。欲望をあおって商品を売るから、欲望が次から次へと出てきて、いったんそのサイクルが回りはじめると終わらないのだ。

一回でもテレビを見てしまうと、テレビを見ない生活ができなくなる。一回うまいものを食べると、まずいものに戻るのはむずかしくなるし、もっとうまいものが食いたくなる。

それしか食べるものがなければそれで幸せだったのに、こうしてどんどん不幸になっていく。

ケータイだってスマホだってそうだ。それを進歩と呼ぶ人も多いだろうけれど。

資本主義というのは、だんだんそういうふうになっていって、元の幸せな生活には戻れなくなってしまうシステムなのだ。

近代化＝無力になること

資本主義で効率優先の近代化に拍車がかかると、自分では何もできなくなっていく、と哲学者の鷲田《わしだ》清一《きよかず》がいっていたが、まったくそのとおりである。

村で自給自足の生活をしている人たちは、水が足りなくなったら、自分たちでどこかから水を引っぱってこなければならない。そのための工事も、自分たちで工夫してやっていく。

ところが、近代化が進めば、分業となり、水道工事は専門業者がするようになる。自分たちは金を払わなければならなくなるから、現金収入が必要になってくる。

ラオスの山村に滞在していたときのことだ。水道がなかったから、彼らは山の水源から集落まで、地面に溝を掘り、周囲に石を並べて水路をつくって、そこを流れてくる水を利用していた。

そのやり方だと途中で水が地中にしみ込んでしまうため、ロスが多くて効率が悪い。そこで僕らは自分たち用にパイプを持参して、それを山の水源につなげて使用していた。

それを見た現地の人たちが、これは便利だから自分たちもほしい、というので、帰国するときにそっくり置いてきたが、このように水も自前で調達していた。

また、彼らにはトイレという概念がないから、もよおしたらそのへんで勝手にしている。すると、それを遠くで豚が見ていて、用を足し終えるとささっとやってきて、人間から出たものをきれいに食べてしまう。

水洗トイレのように汚水が出ないからきれいはきれいなんだけど、その豚を今度は人間が食べて、それでまた排泄《はいせつ》して、それを豚が食べて……と、人間と豚との循環《じゅんかん》システムがちゃんとできあがっているのだ。

ちなみに、このサイクルをずっとつづけるとどうなるか？

エネルギーの保存に関する熱力学の第二法則によれば、エネルギーを別の態に変換すれば、必ずロスが出て１００％の効率はない。すなわち永久機関は不可能だから、いずれ両方ともやせ細って餓死してしまう。だから、このシステムだけでは自給自足は成立しない。

さて、われわれは外で用便するのは嫌だから、先ほどと同じパイプを使って水洗トイレもつくっていた。それが便利だと思ったのだろう、翌年に行ったら、同じものをつくった住民がいた。

水洗トイレといっても、水を汲《く》んでいってジャッと流すだけなんだけど、下水がないから、流した水は排泄物とともにすぐそばの川に流れ込んでいく。

その川でみんな洗濯したり、水浴びしたりしているから、私はなんか複雑な気分だったけれど、彼らはそういうことはあまり気にしていない様子だった。

こんなふうにして何でも自分たちで工夫し、楽しみながらつくっていたことも、近代化が進んだいまではもうできなくなっているのかもしれない。

2011年の東日本大震災によってはっきりしたことは、電気が止まり、水が出なくなり、ガスも止まり、水洗トイレは使えない……となったら、われわれの生活はにっちもさっちもいかなくなるということだった。

生命線、ライフラインが不調になっても、自分たちでは修理のしようがない。水道が止まれば、水道局にクレームをつけるしかないし、電気が止まったら電力会社に文句をいうことしかできない。

その大もとの発電所がダメになったら、その管区一帯、もうどうしようもない。

近年やたらクレーマーが増えたことも、近代化の結果だと思う。技術レベルが上がり、システムが巨大化すればするほど、われわれはクレームをつける以外に対処のしようがなくなるのである。

首狩り族に食われてしまった御曹司？

かつては、電灯がつかなくなったら、布で芯《しん》をつくってオイルランプをつくるとか、何かしらやりようがあった。燃料がなかったら、木を切って、薪《まき》を燃やして飯でも炊こうという話になったけれど、いまはそういうことができる人がいなくなった。

すべてを金で買う世の中は、どこかがクラッシュを起こすと、とたんに全体が機能不全におちいって、身動きがとれなくなる。

金はモノを交換するのに便利な道具で、金のおかげで原始時代の物々交換から自由になれた。

でも、それは貨幣経済という幻想のシステムが担保されているから、金とモノが交換できるだけであって、システムがなければ、金そのものは何の役にも立たない。

1961年、アメリカのロックフェラー財団の御曹司《おんぞうし》がニューギニアの奥地で行方不明になった事件があった。人類学者で、原住民の装飾品や呪術《じゅじゅつ》用具の収集にいって事故に遭《あ》い、助けを待っているあいだに消えたのだという。

それきり消息はない。大規模な捜索をしたにもかかわらず、何の手がかりもなかった。

世間では、原住民の首狩り族に捕らえられ、彼らに食われてしまったのだろうとのうわさもあった。捕らえられて、きっと「金ならいくらでもやるから助けてくれ」と命乞いをしたかもしれないが、首狩り族には金という概念がない。ドル紙幣で100万ドルもらっても、札束は食えないからね。「おまえのほうがうまそうだ」とかいって食われてしまったのかもしれない。

真偽《しんぎ》のほどはともかくとして、貨幣経済というのは、「金に価値がある」という幻想を共有している人たちのあいだでなければ通用しない。違う文化の人たちにそれを求めても、何のことかわからないだろう。

いまは仮想通貨もできて、それで実際に儲けた人も損した人もいるが、それもインターネットというシステムがあればこその話である。

これからだんだん資源が減ってくると、資源そのものが大事になってくるから、金がいくらあってもどうしようもなくなるかもしれない。

アメリカ人のなかには、「これからのいちばんの成長産業は農業だ。金なんかどうでもいいから土地を買っておけ」という人もいる。究極のことをいえば、生死にかかわるのは食べ物だ。

私が死ぬ頃まではなんとか現状は維持されるだろうけど、死んだあとにはそういう世界になるかもしれない。資本主義は結局のところクラッシュを起こす、というマルクスの予言は当たると思う。

働くことは不幸である

多忙はやめられない

江戸時代のように家督《かとく》を譲って楽隠居、なんてほどではなくても、定年でリタイア後はのんびり暮らしたい、という話はよく聞く。

だが、いまでは人生１００年時代などといわれ、65歳で定年になってもまだ30年以上ある。年金はちゃんともらえるのか、１００歳までの収入はどうするんだ、という話になって、「長生きはリスク」と語られることが多くなった。なんとも世知辛《せちがら》い時代だ。

隠居どころか、もっともっと働かないといけないシステムに急速になりつつある。

私も60歳を過ぎてからどんどん忙しくなってしまった。友人たちはみな定年退職しているから、「池田、遊ぼうぜ」なんて電話がかかってくるのだけれど。

どんどん働けばどんどん金が入るけれど、自由になる時間はどんどん少なくなるから、幸せかどうかはわからない。

私もそうだが、忙しさにドライブがかかってしまった人は、なかなかそれを止められない。講演を頼まれたら、手帳を見て、空いていれば引き受けてしまうことが多い。どうしてもやりたくないときは断るけれど、断りづらいスジからの依頼はなかなかそうもいかない。自分で制御《せいぎょ》するのは大変だ。

結局のところ、そういうシステムにはまってしまうと、死ぬまで走りつづけなければならない。

明石家《あかしや》さんまを見ていると本当にそう思う。寝る間もないくらいに突っ走っているように見える。ゆっくり遊んでいる暇はほとんどないのではないかしら。働きすぎはとても不幸です。

病気になっても、なまなかの病気じゃ仕事を休めないから、芸能人は下手をすると本当に死ぬまで働くことになる。病気のことを忘れて生きていけるわけだから、考えようによってはいい面もあるかもしれないけれど。

学会不滅の法則

現在のシステムのなかでは、人はたくさん働いてもさらに働かざるをえなくなっている。よほど働きたくない人は別だが、何かはじめたら、それをずっとやりつづけざるをえないように組み込まれてしまう。

国そのものがそうだ。日本の政治家が実際に何を考えているかは知らないけれど、システムがぐるぐる回っているところへ急ブレーキをかけて、「日本はこれから縮小の方向へ、これまでとは逆方向へ舵《かじ》を切ります」なんてことはなかなかいえない。反対する人も多いだろうし。

だから、どうしたって拡大とかグローバリズムとか金儲けとかというほうに転がっていってしまう。

個人レベルでは「自分は電気を使わない」などとブレーキを踏む選択はできるかもしれないが、大きな組織は関わっている人も多いからそう簡単にはいかない。

ものごとは、はじめるのは簡単でも、収束させるのはとてもむずかしい。

会社が多少赤字でも、倒産でもしない限り、自主廃業などにはならない。「この会社はもう社会的に役に立たないし、同業他社もいっぱいあるのだから、撤退して会社を畳みましょう」とはならないのである。

この事業はうまくいかないけれど、別の事業はうまくいくかもしれない、とかなんとかいい出す。本当は、一度潰して、リサイズしてやり直せばずっとラクなのに。

まあ、潰すとなると、そこで働いている人たちをどうするかという問題もあるわけだけど。

ボランティア組織もそうで、はじめるときはみんな前のめりではじめるから、目的を終えてもなかなか組織解散にはならない。ボランティアで稼いでいる人はいないのだから、役割を終えたらさっさと潰してしまえばいいのに、不思議となかなか潰せない。

私は以前、圏央道建設反対運動に加わっていたが、結局われわれが負けて圏央道は建設された。そこで、「圏央道はもうできちゃったんだから、反対しつづけてもしょうがない。この組織は要らないんじゃないの」といったところ、一生懸命やっている人は、「自然保護は圏央道だけじゃないから、もっと別の運動もしなきゃ」などという。

組織というのは、一回立ち上がってしまうと、運営するよりやめるほうがずっとむずかしいのだ。

だから、それなりの時期がきたらきちんと解散するという組織は偉いと思う。

私がいつもいっている「学会不滅の法則」も同じである。必要がなくなった学会でも、次から次へと何かしらテーマを見つけて、延々とつづけている。

「解散しましょう」といってすっぱり解散した学会は皆無《かいむ》。その学会が気に入らないと、分派ができて、その分派が気に食わないと、また新しい分派を立ち上げる。

だから学会は増える一方で、ひとつ入ると、「こっちにも入れ」と次々に声がかかる。

ある時期、なんだかんだで10以上の学会に入っていた。一回も出席したことがないような学会にまで入って、アホみたいに年会費だけで15万円も払っていたのだ。

「働かなくても食える」のが正しい生き方

江戸時代のうらやましい隠居システムは、いってみればシェアリングだろう。家の仕事を子どもとシェアし、自分は趣味などをやって新しい文化や価値をつくり出したりする。

いまでもそういうシステムができないことはないと思う。たとえば、ワークシェアリングがそうだ。

１人でおこなうと８時間かかるある仕事を、４時間ずつ２人で分けて、給料は半分にしましょう、そして空いた時間で別のことをやれば新たな仕事や価値が生まれるでしょう、というのがワークシェアリングのもともとの発想だった。考え方は同じだろう。

ところがいまはそういう状況ではなくて、どんどん安く買い叩く。働けど働けど賃金は安いという、ワーキングプアの時代だ。

数年前、私が一時期、沖縄に住んでいた頃、スーパーに貼られた店員募集の広告には、時給６５０円とか書いてあった。当時、東京の時給は９００円から１０００円くらいだった。ちょっと安すぎるんじゃないかと思ったけれど、食うためにはそんな劣悪な条件でも働かざるをえない。

グローバル資本主義をやろうとすると、結局のところ正社員を減らして全部バイトにするのがいちばん効率的ということになってくる。正社員がすべていなくなれば、労働者の賃金が限りなく安くなるから、それで儲けるのは一握りのトップクラスの人間だけになる。アメリカの企業はまさにその典型だ。

でも「働かざる者食うべからず」というのは資本主義の思想で、本当は働かなくても食えるのがもっとも正しい生き方だと思う。

働かないということはエネルギーを使わないことだから、なによりエコなのだ。

ちょっと川に行って、夕飯用のアユを人数分だけ釣ってくるとか、ヤマメを3～4匹釣ってきて、それを食べていればタンパク質はなんとか足りるから、それだけ釣れたら帰ってくる。よけいな殺生《せっしょう》や環境破壊はしない。そういうのが本当のエコである。

いまから1万年以上前の時代、そういう生活をしていた人の働く時間は2時間か3時間だった。それが農耕をはじめて、働けば働くほど穀物ができ、貯め込むようになって、みんな長時間労働をするようになった。

生き物としてのヒトは誕生してずっとそんなエコな狩猟採集生活をしていたので、本来はそれが身体に合っているのではないのか。

つねに走り回る馬、のんびり食っちゃ寝の牛

前に監修をつとめた『「食べる力」が日本を変える』（技術評論社）という本で、東京大

学名誉教授の高橋迪雄《たかはしみちお》が面白い話を書いていた。

どうやら人間は、穀類を食べるようになってから働かざるをえなくなったんじゃないか、というのだ。

動物には必須アミノ酸の摂取が欠かせない。いちばんいいのは、タンパク質（アミノ酸から構成される）を少しだけ食べて、あとはのんびりと寝て暮らすことだ。肉食動物のライオンなどを見ればよくわかる。

では草食動物はどうなるか。草（炭水化物が大部分）だけで生きようとすると、タンパク質＝アミノ酸が不足する。草に含まれるタンパク質はほんのわずかだから、必要量のタンパク質を摂《と》ろうとしたら、すごい量の草を食べなければならない。

草をたくさん食べれば、当然エネルギーの過剰摂取となる。それを消費するためには、身体をたくさん動かさなければならない。

その端的な例が馬である。馬は暇さえあれば、草ばかり食べている。葉っぱとか藁《わら》にはタンパク質はほんの少ししか含まれないから、必要量のタンパク質を摂るために大量の草を食べなければならない。

つねに過食しているから、どんどん運動してエネルギーを消費しないとデブって、馬じゃなくて豚になってしまう。そんなわけで、れっきとした馬として生活するために、彼らは生まれたときから走り回っている。

では、同じ草食動物である牛は走り回りもせず、食っちゃ寝しているのはなぜか。牛はおなかの中にバクテリアをいっぱい飼っているからである。

反芻《はんすう》動物である牛にはいくつかの胃袋がある。最初のほうの胃袋にはバクテリアが大量にすんでおり、牛が食べた草を分解・発酵してエネルギーとして牛に供給している。牛が食べているエサは自分用ではなく、じつはバクテリア用なのである。

牛の胃にすむバクテリアは、最後の胃袋で、今度は自分が牛のエサとなる。バクテリアはタンパク質の塊《かたまり》でもあるから、つまり、牛はそれを消化・吸収することで、タンパク質を摂っているのだ。わざわざエサとして摂らなくても必要量がまかなえる。

このように、牛はエサをたくさん食べてもおなかの中のバクテリアがうまく分解してくれるから、自分自身は運動をする必要がない。だから牛は食っちゃ寝、食っちゃ寝、ゴロゴロしながら、いつも口をクチャクチャやっているのだ。

アミノ酸という栄養の摂取戦略が異なったため、馬はいつもせわしなく走り回ることになり、牛は食っちゃ寝するようになった、という説明には、なるほどなと思ったものだ。

身体の構造としては、馬より牛のほうが進化しているといえるのではないか。というより、反芻類がもっとも進化しているんじゃないかしら。いま地球上の有蹄《ゆうてい》類（蹄《ひづめ》がある動物）のなかでは、反芻類の仲間がいちばん栄えているのだ。

ひるがえって、人間を見てみると、人間も馬と同じく、エネルギーの過剰摂取を解消するためにせっせと労働する戦略をとったようなのである。

人間本来の生き方は「あまり働かない」

人間のおなかの構造は基本的に肉食動物といえるから、本来は適量のタンパク質を摂り、あとは炭水化物をちょっとだけ食べていれば、あまり働かなくてもいい。それが人間としての本来の生き方である。

人間が誕生してからいまから1万年前くらいまで、つまり農耕をやる前は、そういう生き方をしていた。狩猟採集民だから、1万年以上前には、マツコ・デラックスみたいな人はきっといなかったと思う。

ただ、人間は大きな頭を持っているから、エネルギー源として炭水化物も必要で、それをちょっとだけ摂っていれば事足りた。

ところが、農耕をやるようになると、生産効率がいいから穀物ばかり食べるようになる。穀物からタンパク質をとる戦略に転換したのだ。そのほうがラクだから、狩猟もあまりしなくなる。当然、エネルギー過剰におちいる。その解消方法として、せっせと労働して過剰エネルギーを放散する生活になった。

要するに、ゴロゴロしているとすぐにデブになっちゃうから、それで働かざるをえなくなったんじゃないか、というわけだ。

働くのは美徳という考え方は農耕生活からはじまったもので、いまわれわれがせっせと働いているのは、つまるところ、過剰エネルギーを使うためだ。

日本人はけっこう働き者だからあまり太らないほうだけれど、アメリカ人などは年をとると、デブになる人が多い。身体を動かさないで、炭水化物を大量に含む食物を摂ればデブるのは当然だ。

今後、世界的に人口が増えすぎて食料危機が起こったら、働いて食べ物をたくさん食べるより、食べ物をちょっと食べるだけでやっていけるよう、働かない生活が推奨されるかもしれない。タンパク質は虫を食べて摂ればいいと思う。

生態学的には働かないほうがエコで自然なのだ。
労働が嫌いでなまけるのが好きなのは、人間の本来の姿なのだと思う。

ＡＩの次はＢＩでいこう

金を世の中にどう回すか

日本もだんだんとアメリカ型に近い格差社会になってきた。

人口が少なくなっても、生態学的には何も困らない。少子化が困るというのは、資本主義システムにとっての話であって、それは働き手が少なくなるからだ。

国内に働き手が少なくなっても、世界のどこかに工場を移転すれば、安い労働力は手に入る。いくらでも安く働く人たちがいるから、そういう人を安くこき使って、その利ざやで儲けて、それが一部の人間に集中する。資本主義はそういう社会だ。

ところが、仮に世界の人口がどんどん減っていったら、労働者の賃金は高くなり、資本家の儲けは減ることになる。だから、資本主義システムにとって、少子化は困った事態なのだろう。

ところで、日産会長のゴーンが1人で10億円もらっても、実際問題として、そのうちの5億円も使うだろうか。

そんなことはまずなくて、ほとんどは貯め込むだけになるだろう。

ところが一方、10億円あれば、1人当たり500万円としても、200人は雇うことができる。500万円で雇われた200人の人たちは、半分の250万円以上はまず使うだろう。

だから、1人に10億円払うより、200人に10億円払ったほうがよほど経済的にはプラスだと思う。

貯め込んだ金はどこかの金融機関にいき、最後はわけのわからないバブルになって、消えていく。そのくり返しだから、金は使い切れる程度にみんなにばらまいたほうが景気はよくなるに決まっている。

時限立法でサラリーマン減税

ただ、こういう先行き不安な世の中だと、どうしても使わないで貯め込むようになりがちだ。すると、経済が回らなくなって、景気が悪くなる。

とくに高齢者は貯め込みがちになるので、この人たちになんとか使ってもらえるような政策が必要になる。

たとえば、たくさん使ったら相続税を安くするというのはどうかしら。

死ぬ10年前に使った分の何割かを相続税から控除《こうじょ》する、という方式を私は提案している。

いつ死ぬかわからないから、そろそろ時期かなと思ったら使うようになる。

実際には15年後、20年後に死んだとしたら、控除の対象になるのは10年分だけだから、5年間、10年間で使われた分に関しては税収も減らず、経済は首尾よく回る。

経済が停滞するのは、みんなが金を使わなくなるからだ。

そういうときには時限立法で3年間くらい、サラリーマンが使った金の半分を自動的に必要経費として認めるということをやったらどうか、ということもよくいっている。実質的な所得減税だ。

いまのうちに使っておけば税金が安くなる、と思えば、みんな使うようになって、景気は持ち直すだろう。

私が首相だったら、それくらいのことをするけれどね。まず時限立法で2年やって、様子を見てもう1年延長するなど小出しにやれば、さらに効果的だろう。

赤字国債だって本当は出したらいけないと決まっているのだが、単年度の特例法をくり返すことで、現実には毎年発行している。こういうのを、なし崩しという。サラリーマン減税も特別法でやればよい。

なんでもいいから消費した金（の一部）を必要経費として認め、そのかわりに消費税を多少上げて税金を取ればいいのだ。

ベーシックインカムはどうか

ベーシックインカム（ＢＩ）も有効な手だてではないかと考えている。働いても、働かなくても関係なく、国が１人１人の国民に一定の金を、死ぬまで支給する制度だ。

全国民にベーシックインカムとして、月に7万円から8万円くらいを支給する。ただし、生まれたばかりの子どもにも支給すると、金ほしさに急に子どもをたくさん産む人間が出てくると困るから、たとえば16歳以上とかに制限する。

働きたくない人は働かなくてもいい。それでも最低限度の生活は保障される。

ベーシックインカムのいいところは、どんな国民にも一律に支給するから、恣意《しい》的な選別もなされず、公正であるという点だ。いまの所得税のやり方だと、どうしたって不公平さが出てくるだろう。

大金持ちで8万円なんてはした金は要らないという者も出てくるかもしれないが、申請をしてくれれば、そういう人には支給しない。そこは自由ということで。

ただ問題は、日本でベーシックインカムを実施するには、年に100兆円くらいかかることだ。日本の国家予算に相当するくらいの巨費の財源をどうするか。

導入のかわりに、生活保護や失業手当など既存の社会保障制度を全廃する。財源として消費税を大幅に上げる、あるいは黒字の企業から徴収することなどが考えられるだろう。

金持ちは高価なものを買うだろうから、累進消費税にして、たとえば1億円のマンションを購入するなら100パーセントの税をかけるとかして、金持ちからはバンバン取ればいい。

ベーシックインカムの発想は古くからいろいろあり、初期の議論では所得税も法人税も全部廃止して消費税を50パーセントにすればいい、といわれたりした。だがベーシックインカムをもらっても、すべてのものに50パーセントの消費税をかけられたら、ほかに収入がない人は苦しい。

食べ物も単価が安い品にはあまり税をかけず、１００グラム１００００円の肉や大トロには１００パーセントかける。それでも食べたい人は買えばいい。人よりたくさん税金を払うことをステータスだと思えばいいわけだ。中間層以上の人は、所得税を払わないかわりに消費税をたくさん払うことになる。

承認欲求があるから人は働く

マルクスの予言を信じた人には、資本主義が破《は》綻《たん》したあと、社会主義が到来するという〝希望〟がかつてはあった。ところが、現実には社会主義のほうが先にポシャってしまったから、よけいに資本主義体制維持にドライブがかかりがちになるのは無理もない。

考えようによっては、ベーシックインカムは公平性という点では社会主義的なシステムだ。ただ、働かなくても金を支給するのがすごいところで、これまでにはなかった革新的な思想だ。

「でも、みんな働かなかったらどうやって生産するのか」という疑問がわく。たしかに、ベーシックインカムをもらった人が全員働かなかったら、システムはすぐに終わってしまうだろう。

金だけあっても、モノがないことには、人間は生きていけない。モノがなければ買えない。買えなければ、消費税もヘチマもない。だから、ある規模の人数が生産労働に従事しないと、世の中は回っていかない。

ＡＩが発達して労働ロボットが安価になれば、労働者がほとんどいなくともモノは生産できる。問題はむしろ、だれが買ってくれるのかということだ。

賃金をほとんど払う必要がないので、生産コストは下がり、いままでと同じような価格で売れれば、企業の儲けは膨大《ぼうだい》になる。儲けの８割をベーシックインカムの原資に回せば、このシステムは上手に回るにちがいない。

もちろん、企業からオファーがあれば働く人もいるだろう。

人間には承認欲求があって、他人からリスペクトされたいのだ。ぐうたらしているやつより、何かしている人のほうが他人からも社会的にもリスペクトされる。一生有意義なことをしないでブラブラしているのを楽しいと思う人は少ないだろう。

それくらいなら畑でもやるか、という話になったり、ちょっと考えて自分だけにしかつくれないものをつくって、それがほかの人から「すばらしいね」とでもいってもらえれば、やる気が出る。大方の人間はそういうものだ。

承認欲求は心理学者マズローの欲求階層説では、生理的欲求や安全の欲求が担保されたあとにくる比較的高次元の欲求である。

ツイッターのフォロワー数やフェイスブックやインスタグラムの「いいね！」ボタンなどは、承認欲求をうまく利用した仕組みだろう。もっとも、こうしたＳＮＳではすでに「際限のない承認疲れ」も蔓延《まんえん》してきているようだけれど。

ネットではなく現実世界では、仕事でもなんでもだれかが褒《ほ》めたり認めてくれると、やはり頑張れるものだ。そして、認められるということは金の形であらわされるから、金が儲かったら、本人にとってはうれしいことだろう。まわりが自分を承認してくれたという証《あかし》だから。

君の作品をいくらで買ってやろうとか、時給９００円を１１００円にしてあげようといわれれば、承認してもらったということだから、本人にとってはうれしくてやる気が出る。

逆に、報酬《ほうしゅう》をどんどん下げれば、やる気が削《そ》がれる。だから、給与削減はむずかしいのだ。もっともベーシックインカムが定着すれば、安い給与でも働くほうが楽しいという人が出てくるかもしれない。

収入と将来の心配がなくなればラクになる

ＡＩ（人工知能）技術の進展で、「ＡＩに仕事が奪われる」と騒がれているが、ＡＩで仕事がなくなったとしても、ベーシックインカムで最低限の収入が保障されれば、焦《あせ》らず、自分にいちばん合った暮らし方を選ぶことができるはずだ。
いまの職がいやだったら、わりあい簡単に別のところに移り、自分の好きなところで働くことができるようになるだろう。流動性が増して、転職が自由になるし、クビになっても怖くない。
雇う側も、正社員の制度などやめてしまってもいい。そのかわり最低賃金を時給２００

０円とか３０００円にして、役員以外を全部バイトにしたら、暮らし方の選択肢《し》はさらに広がる。

いまは、給料は安いけれども、辞めたらどこも雇ってくれないし、バイトになったらこの先暮らしていけないし、と閉塞《へいそく》感のなかでいやいや働いている人もいるだろう。

収入と将来の心配がなければ、自分の性《しょう》に合ったところが見つかるまで、どんどん転職できる。そうなれば流動性が高くなるし、なにより、適材適所で生産性も上がるだろう。

「いろいろやってみたけれど、自分にはこれがいちばん合っている」というところで働くほうが労働効率は高くなるから、世界的に競争力も増していく。合わない人を辞めさせても、あまり負担に感じない。企業にとっても得策だと思うけれどね。

ただし、自分に合うかどうかはしばらくやってみなければわからないので、数ヵ月ごとに転職するようでは、自分に合う仕事は見つからないと思う。

いまはワーキングプア状態の労働者も、最低限の金が確保でき、そのうえ稼げるとなれば、消費行動も盛んになるだろう。

資本主義には労働者と消費者が必要だと先述したが、賢い消費者を育てる意味でもベーシックインカムは効果があるはずだと信じたい。

生物学の概念で「互恵《ごけい》的利他主義」というものがある。互恵的利他関係、つまり双方がウインウインの関係になるようにしないと、資本主義には未来はないだろう。

ほどほどの暮らしを自分でつくれる

これから先はベーシックインカムで食っていけるという保障があれば、老後の貯金などする必要はない。「なんとか生きていける」と思えることは、精神的にもかなりいいだろう。いくつになっても新しいことにチャレンジできるし、失敗も恐れずにすむ。

じつはリバタリアン（自由至上主義者）としての私は、社会主義的な救済制度として、ベーシックインカムを評価しているわけではない。私にとっては、社会保障制度はお上のよけいなお節介であり、撤廃したほうがいいと思っている。

健康保険制度も健康診断も同様だ。他人の自由を侵害しない限りにおいて、私の行動や生き方にあれをしろ、これをしろと指図されたくない。

ベーシックインカムを導入すれば、人として自主性・自立性が高まるにちがいなく、これは非常にいいと思う。高齢者がコミュニティみたいなものをつくってお互いに面倒を見あうようなことも可能になる。

１人８万円だったら５人で40万円。田舎だったら、ぼろ家でも借りて、十分に暮らしていける。まわりに畑をつくって、鶏を飼って自給自足生活。自分たちが食べる分以上にできたら、市場へ持っていって売って、帰りに酒でも買ってきてみんなで飲む。

共同のコミュニティをつくって、自分たちの手でほどほどの暮らしをつくっていくのもいいよね。

ベーシックインカムはここ数年注目が高まっており、フィンランドでは２０１７年からベーシックインカムの一部導入実験がはじまった。そのほか、オランダ、カナダ、アメリカなど各地で小規模な実験がおこなわれているという。

もちろん、短期的には資本主義者は反対するだろう。試行実験に選ばれた人はラッキーだけれど、選ばれなかった人は嫉妬《しっと》するので、失敗するに決まっている。

というわけで、まだ正式に導入されるまでには時間がかかるだろうが、ここは〝真の社会主義国〟であった日本が先陣を切って導入したらどうだろう。メリットはかなり大きいのではないか。

第4章

その日暮らしでいいじゃない

生きることは不安定なこと

日本小国論

日本は江戸時代に鎖国をしていたことでシステムがうまくいき、２５０年あまり、大きな戦争をすることがなかった。それが開国から富国強兵をやるようになって１００年のあいだに大きな戦争を何度も起こし、大勢の人が死んでいった。

だから、国を小さくしたほうがいいのではないかという話も出てきて、のちに首相になる石橋湛山《いしばしたんざん》などは早くから小国論を唱えていたほどだ。

２０６５年には日本の総人口は８８００万人に減ると予測されている。２１００年には

５０００万人という話もある。

このままいけば、いまのような経済は立ち行かなくなる。この経済体制をつづけていこうとするなら、外国人労働者をどんどん導入していかなければならないが、そうなると、また別のややこしい問題が起きてくる。

ドイツをはじめ、ＥＵ諸国における外国人流入、いわゆる移民問題は深刻である。日本ではそれをやらないで、少ない人口でもやっていけるようなシステムを確立していくほうがずっと統治しやすいと思う。

いまの日本の人口は1億２０００万人、食料自給率は38パーセント、つまり約4割だから、６０００万人くらいの規模でちょうどいいのではないか。

問題はエネルギーの確保で、これさえ調達できれば、鎖国してもやっていける。

いまのままのエネルギー事情では、世界の石油や石炭、天然ガス、ウランなども１００～２００年のあいだには枯渇《こかつ》してしまうだろう。

だが、６０００万人くらいの人口になれば、太陽光エネルギーだけに依存したとしても、日本は森林資源が豊富なので木質バイオマスエネルギー（薪《まき》やチップ、ペレットなどの木質燃料を燃やして得る）を利用すればなんとか回っていくはずだ。

情報は鎖国できないけれど、人の移動などは鎖国できる。企業は日本の中にいてもらわないと困るから、海外に移転した企業からはたくさん税金を取るとか、製品を日本で売らせないとか、そういう制約をかけるといいのではないか。

半鎖国といったイメージだろうか。日本でつくったものも外国に売るのはいいが、原則としては日本の中でつくって、日本の中で売ることをメインにする。食料も外から来るものには関税を高くし、日本だけでまかなっていけるシステムにする。

日本の中だけで回していければ、それがいちばん安定すると思う。

そうなったら、他国からの収奪にどう備えるかという防衛の話が重要になってくる。小国・日本がどうやったら生き残れるか、いま以上に頭を使う必要があるね。軍備だけ増強すればいいというものではないだろう。

かつての琉球やブータンなどの小国は、大国と共存する知恵があった。フランス、イタリア、ドイツ、オーストリアに挟まれたスイスも、ＥＵに参加せず、どこともくっつかずに、なんとかやっている。

１０００年先の未来は知らず、１００年から２００年のタイムスパンで考えれば、半鎖国も選択肢のひとつかもしれない。

どうにもできない日本の借金

２０１３年に日本の「国の借金」は１０００兆円を突破し、いま１０８０兆円（２０１７年９月末現在）だ。１００万円の札束は厚さ１センチだから、１兆円で10キロメートル、１０００兆円だと１万キロメートル。１万円札を束にして並べると、東京からロンドンまで届く長さになる。

私が日本の財政について、「これはヤバい」といいはじめたのは１９９３年頃だった。そのときの借金は、まだ３００兆円にもいかなかった。この程度で増えも減りもしないで安定していればそんなに危惧《きぐ》することはない、といわれていたが、それでも私は、これはもう返せないな、と思ったものだ。

当時はさすがに１０００兆円までいくとは思わなかったけど、今後このまま毎年借金を重ねていけば、すぐに１５００兆円に達してしまうだろう。

日本の個人金融資産が１８００兆円くらい。いまは日本の国債の９割くらいを日本人が持っているからなんとかなっているが、国の借金残高が２０００兆円にもなったら、日本

人以外の人に買ってもらわなければならなくなる。しかし、日本が潰れてもさして困らない外国人が日本国債をいきなり売り出せば、円は間違いなく暴落する。

たとえば日本と中国がアメリカの国債を叩《たた》き売ったとすると、ドルが暴落して、アメリカは潰れてしまう。それをやると日本も中国も潰れてしまうから、お互いに売らないでいるだけだ。

だから、日本も中国もアメリカの国債を１２０兆円くらいずつ持っているが、実際は紙くず同然である。日本国内では、国と国民とのあいだで同様の関係になっていると思ったほうがいい。

金でモノが買えなくなる時代がきたら

消費税を上げたからといって、国家予算の赤字が減るわけでもない。税収より借金のほうが多い構造がつづいているからどうしようもない。

アメリカの場合、ＧＤＰが日本の４倍近くあるから、財政赤字があるといっても、日本とはわけが違う。日本の政府債務残高（国債や借入金など国が抱える債務の総額）は対Ｇ

ＤＰ比で約２４０パーセントと世界一の財政赤字なのに、よくもまあ破綻《はたん》しないものだと思う。

日本の政府は赤字国債を返す気もないままに乱発しているとしか思えない。オオカミ少年ではないが、みんなが平気だと思っているうちはまだなんとかなる。でも、どこかで本当にヤバいといわれだしたら、このバブルはいとも簡単にはじけてしまうだろう。

クラッシュを起こせば、国債はただの紙切れになってしまうのだから、恐ろしい。

そうすると、円の価値が暴落し、日本はハイパーインフレに見舞われる。金よりモノの価値のほうが断然高くなって、極端にいえば、金では買い物ができなくなるという事態になる。

いまはなんでも金で買えると思っていて、金さえあればいいという風潮だけれど、金で買えなくなると、終戦直後の日本のように物々交換に頼るほかなくなる。

いまはみんな、スマホがなくては夜も日も明けないとばかりにわざわざ高い金を出して買っているが、スマホはないと死んでしまうというたぐいのものではない。

食料もスマホも同じ「商品」だが、食料がスマホと決定的に違うのは、食料はなくなったら生きていけなくなる必需品だ、ということである。

システムがクラッシュを起こし、金の価値がなくなれば、生活必需品から先に値上がりする。とりわけ生命線である食料は、金がいくらあっても買えなくなる可能性が高い。そうなったときにどうするかということを考えておかないといけない。

日本の土地は有限なのだから、そこでつくることができる食料の量も決まっている。そういうことを考えたら、人口が少し減ったほうがいいに決まっていると思う。

日本の食料自給率は40パーセントを切って、カロリーベースでは38パーセントしかないが、それでも戦時中のようにゴルフ場などをみんな潰して芋畑にすればなんとか食べていけるだろう。

現実にそういう話になりかねないのである。だから食料をつくる農業はほかの産業と異なりものすごく大事なのだ。危機的状況のときに、金なんていくらあったって何の役にも立たない。

いまの資本主義と民主主義のシステムでは、そういうリスクもある。

この世は「矛盾繰り込みシステム」

これからの日本で大事になるのは、人口減少を見据えて、どういうシステムをつくればいいかということだ。さまざまなケースに対していちばん汎用性《はんよう》の高いシステムは何か、そして、そのシステムと外界との関係をどうすり合わせるかということだが、それはなかなかむずかしい。どこかに必ずズレや矛盾《むじゅん》が生じてくるからだ。

社会は絶え間なく動いているから、現状と既存のシステムとのあいだには必ず齟齬《そご》が生じてくる。

変動によって覇権《はけん》国家のありようも違ってくれば、経済が発展する国と衰退していく国が出てくるのも当然のなりゆきだ。

この世は「矛盾繰り込みシステム」であり、どんなに矛盾を排除しようとしても、それはできない相談なのだ。生物そのものもそうだし、生きているということ自体、そうした巨大な矛盾を繰り込むシステムなのだ。

全部が矛盾のない安定したシステムなどというものは一時《いっとき》の夢にすぎない。理想としては、それをつくりたいと思っている人もいるけれど、現実には不可能である。

われわれの身体にしても、安定的なシステムのように見えながら、思わぬところでクラッシュを起こしたり、免疫《めんえき》系が狂ったりして、最後は死んでしまう。必ず崩壊するのはシステムの特性なのだ。

どこかに矛盾を繰り込んで、安定しているかのように見せかけつつ、なんとかうまいことだましだましやっている。けれど、最後の最後にはにっちもさっちもいかなくなって、クラッシュを起こして潰れていく。すべてのシステムは例外なくそうなっている。

だから、いずれアメリカだって潰れるし、中国だって潰れてしまう。100年もたたないうちに、アメリカの覇権なんか間違いなく消滅していると思う。

サステイナブルという概念も幻想なのだが、とりあえずはサステイナブルを求めてなんとか頑張るということをしないと、夢がないじゃないか。いや、本当は夢なんかないんだけど、夢があると思っているほうが幸せだ。

本当は遠い未来に夢なんてないけれど、いちおう夢を描くことだけはできる。

いまのシステムを変えたいという夢を抱く人もいる。いまのシステムのなかで偉くなろうとか、金を儲けようという夢を持っている人もいる。そういう多様な人たちの想いを乗せて、この世界は廻っている。硬直したシステムではなく、うまくいかなくなったら修正が簡単にできるシステムができればいいけれどね。

しょせん何をしたって、あと何十年かしたら死んでしまう。だから、つまらないといったらつまらないけれど、それでもみんな、ニコニコ笑って生きていくことはできると思う。

生きようとする盲目的な意志

いまの資本主義システムがこの先何百年もつづくという保証はどこにもない。いずれ潰れることは間違いないが、潰れたときにどういうシステムが新たに立ち上がってくるかということも、じつはよくわからない。

未来は何事も、やってみないことにはわからないからね。

結局のところ、人間には、ショーペンハウアーのいうところの「生きんとする盲目《もうもく》的な意志」があるから、なんとか頑張って生きようとするのだ。

われわれは歴史を学び、昔のシステムを記憶のどこかにとどめているから、たとえば資本主義のあとで奴隷《どれい》制をふたたびやるかといってもやらないだろうし、女性蔑視《べっし》をするかといってもしないだろう。

そんなふうにあれやこれやと次のシステムを考えて新しいことを思いついても、それがうまくいくかどうかはやってみなければわからない。わからないけど、今のシステムでにっちもさっちもいかなくなったら、新しいシステムを考えないわけにはいかない。
というふうに行きつ戻りつ、ためらいつつ、世界は動いていくのだろう。

発想を変えればシステムは変わる

生活保護受給者は１９９５年からずっと増えつづけ、いまや２１０万人超、約１６０万世帯が受けている。受給者の約半分が65歳以上だ。これから高齢人口がさらに増えるから、人数もどんどん増えていくだろう。

いま生活保護には4兆円近く使っており、社会保障費全体では32・5兆円（２０１７年）になっている。このまま増えつづけていったら、国は確実に潰れてしまう。

それくらいなら、いっそベーシックインカムを保障して、そのかわりに社会保障費には一切金を出さない、というやり方をしたほうがずっと安上がりじゃないかしら。

国の予算が約１００兆円で、そのうち税収は47・5兆円しかない。そこから30兆円強の社会保障費を使っていては、国が成り立つわけがない。

もちろん、そういうことはわかっている。わかってはいるんだけど、多くの国民も政治家も将来、国のシステムが崩壊してもとりあえずいまは自分が食えればいいや、という安易な気持ちで生きているので、なかなかむずかしい。

民主主義というのはしょせん、自分の今日、明日の飯のことしか考えない人たちの集合システムだから、しょうがないな。

ひたすらいまのシステムを維持しようとするから大変なことになるけれど、発想を変えれば、現状に合わせてシステムを変えればいいということになる。

一口に少子高齢化というけれど、だれだっていずれは死ぬのだから、高齢社会というのはそんなに長くはつづかない。せいぜいあと20年か30年も頑張れば、高齢者の団塊は自然と消えていく。その間の過渡期の問題さえ乗り切れば、あとは安定した人口分布になる。

日本の総人口もいまの半分、６０００万人から７０００万人くらいで安定すれば、ずいぶんとラクになると思う。２０６５年には８８００万人になるという予測だったが、いい数字だと思うけれどね。

私には関係ないが、若い人たちは、そうなったときどういうシステムが生きやすいか、考えておいたほうがいいと思う。

定年も年金も健康保険もない社会

ベーシックインカム社会なら定年もなくなる。年金もないから、働きたい人はずっと働けばいい。働かなくても食うには困らないから、遊んでいてもいいし、海外に虫を採りにいってもいい。

年金も健康保険もないから、国家の負担はずっと軽くなる。心配な人はそれなりの保険に入ればいい。

そういう生活をすれば病気も減るし、それに医者にかからないほうがラクに死ねますよ。医者にかかったらかえって大変だ。

がんで医者にかかると、よけいな治療ばかりされる。苦しい思いをすることになる。

人の身体はうまくできていて、何も手をほどこさなければ死ぬときはあまり苦しまないようにできている。高齢者になれば、がんの治療をしてもしなくても、寿命はそんなに変わらない。

いよいよにっちもさっちもいかなくなってから、医者に行けばいい。「あと1ヵ月で

す」といわれたら、その間しか医療費がかからないわけだ。

早く発見したほうが医療費はかからないというのは絶対にウソだ。あれは厚生省と医者と製薬会社の陰謀で、金を儲けるようなシステムにしているだけである。

ベーシックインカム社会になったら、そうした利権構造も変わってくるから、医者や製薬会社の相当数が廃業に追い込まれるかもしれない。

楽しく生きて、死んでいく

人口減少社会の幸福度はアップする

少子高齢化は困るという言説はなかなか強固だが、実際に人口が減少し、ある程度のところで安定すれば、そのほうがいいということがわかってくるはずだ。

人口が減少すれば資源を分配する頭数が減るので、生物としてのヒト1人1人は豊かになる。つまり、1人1人の価値が上がるから、みんなが幸せになれる。

生態学的にはこういうふうになっていくのは当然の話である。時代とともに技術は進み、食料不足もエネルギー不足もやがてなくなるだろう。

人口が減って、ベーシックインカムや累進消費税のような、金持ちにとっては高負担社会になったとしても、お互いにうまくやっていくには、まあしかたない。そういう精神をみんなが持つようになれば、現在のような資本主義は成り立たなくなるかもしれないが、みんなの幸福度はどんどん上がっていく。

ブータンや沖縄のような小さい社会が、金がなくてもなんとかやっていけるのは、互恵的利他主義のようなものが浸透しているからだと思う。金がなくても、親戚や知り合いがたくさんいれば、どこかで飯くらいは食べさせてもらえる。

「なんとかなる」と思えれば、幸せに生きていける。

でも、資本主義の行き着く先として分業化やグローバル化が進むと、人と人のつながりも薄くなって、金しか共通言語がなくなる。金の切れ目がなんとやらで、金がなくなったらそこでアウトになってしまう。

現金収入がそれほど必要でなければ、東京に出ていくより田舎のほうが豊かな暮らしができるだろう。土地があれば、自分でちょっとした野菜などをつくれたりする。おじいちゃん、おばあちゃんがいれば、子どもの面倒も見てもらえる。

以前、沖縄に住んでいたときに、沖縄の人たちの地域のつながりがとても強いのに驚いた。彼らはしょっちゅう無《む》尽《じん》講《こう》のような寄り合いをやっていて、集まってはよく酒を飲む。日本酒ではなく、ビールと泡盛《あわもり》中心なんだけどね。

とくに年配の女の人にとって、そうした寄り合いは数少ないレクリエーションの機会となっているみたいで、旦那さんがそれを止めようとしようものなら、まわりからそれこそ非難囂々《ごうごう》だ。

私も地元の友だちに誘われて出てみたが、けっこう夜中の遅い時間まで酒を飲んで騒いでいる。こうした集まりが、彼らのアイデンティティの確認や連帯感のもとになっているのだろう。

無尽でもときどき金をごまかして持ち逃げしてしまう者がいるらしい。そういうときも「しょうがないよ。そういうやつもいるさ」といった具合に、深く追及しないまま許してしまうところがある。なんともいい加減だけれど、逆にいえば懐《ふところ》が深い。

先を考えずに今日を生きる

沖縄では失業率が高くても、みんなわりとのほほんと生きているのが印象的だった。私は名護《なご》に住んでいて、家の前がハローワークだった。その前にズラッと軽自動車が並んでいる光景を見ると、ちょっとドキッとする。

みんな、クルマで職探しにきて、「仕事ないですか」「はい、ないです」となったら、帰りにパチンコやパチスロに行く。そういう日課をくり返しているんだもの。失業していると暇だから、ほかにやることがない。それでも彼らはあまりあくせくしない。

そんなふうにいられれば、幸福感はけっこう高いと思う。

先が見えないとか、老後が不安などと、未来を先取りして心配しても気が滅入《めい》るだけでいいことはない。国を動かす立場の人には長いスパンでものごとを考えてもらわないと困るが、一般の人は自分のことだけ考えていても文句をいわれる筋合いはない。

「この先何が起きるかわからないが、そのときはそのときだ」と腹をくくって、今日を楽しむ生き方のほうが幸福感は高くなる。

生きていくことはつねに危険と隣り合わせで、予測などできない。予測不可能だから面白いのである。

私はかれこれ30年近く、毎晩酒を飲んでいる。飲まなかった日はない。私にとって酒を飲むことは生きることそのものだから、健康のためとか長生きのために酒をやめようと思ったことはない。

たとえそのために寿命が短くなったとしても、まあ、しかたない。

本当のことをいえば、酒を飲んで健康に悪いと思ったことは一度としてないし、むしろ寿命は長くなると思っている。金は減るけれどね。

医者にかかるといろいろ面倒なことを言われそうだから、医者にもほとんど行かない。

このように決めてしまえば、人生は案外ラクだ。

資本主義のサイクルに巻き込まれていると、つねに先へ先へと次のことばかり考えがちだが、人間はもっと「その日暮らし」で生きたほうが面白いと思う。

あと、生き甲斐《がい》をどうするか、などということもよく耳にするけれど、あまり立派なことを考えなくてもいいと思う。

自分がコミュニティのなかに居場所があって、他人との関係も良好で、いろいろ役割を担っていれば、それはそれでいいことだ。でも、あまり人とつき合わないで、自然のなかで何かしているのが好きな人もいる。ひとりできのこを採ったり、釣りをしたりするのが楽しいという人もいるだろう。

生き甲斐はしょせん死ぬまでのヒマ潰しだから、自分にいちばん合ったものを選べばいい。

死と結びつきのある社会

つい先頃まで、街にはいろんな死骸《しがい》が転がっていたものだ。私は小さい頃、東京の葛飾区にある東京拘置所のすぐそばに住んでいたが、近くを流れる綾瀬《あやせ》川にはときどき土左衛《どざえ》門《もん》（水死体）が浮かぶことがあった。

橋のたもとにある交番の脇にビニールをかけて置いてあったのを、こわいもの見たさでそっと覗《のぞ》いたことを覚えている。

いまでは街には犬猫どころか、カラスの死骸ひとつない。

昔は、人間だって死んだら野山に捨てていた。相当に身分の高い人でないと、ちゃんとした墓に入れて葬《ほうむ》ってもらえなかったと思う。京都の化野《あだしの》なんて、死体が野ざらしになっていた場所だった。

死骸を野ざらしにしておけば、カラスなどが来てついばむ。あるいはシデムシやウジムシが群がって食べる。しばらくすればきれいな白骨になって、やがて土に還《かえ》る。そうした自然のサイクルを、もう一度見直したほうがよい。

いまは禁止されているが、沖縄では少し前まで風葬《ふうそう》がおこなわれていた。いまでも風葬の跡が保存されていて、運天《うんてん》港近くの崖《がけ》を双眼鏡で覗くと、板囲いの隙間から白骨化した人の足の骨が見えたりした。

沖縄特有の、亀の甲羅《こうら》を伏せたような形の亀甲墓《きっこうばか》は、もともと風葬の習慣と密接な関係があったことから、あのように大きなものになったらしい。

人が死ぬと遺体をそのまま安置しておく。数ヶ月から数年たつと、フナムシなどの虫が食べて白骨化してくる。それを親戚総出で洗い清めて（洗骨）、カメに入れてから亀甲墓のいちばん奥に安置した。

亀甲墓には土器に入った先祖代々の遺骨が並んでいる。読谷《よみたん》あたりに行くと、東京の普通の家の敷地よりも大きな、それこそ50坪もあるような亀甲墓がある。

基本的に沖縄の墓は大きい。亀甲墓より小さめの家形の墓もあって、屋根や庇《ひさし》がついているものなど、いろんな形の墓がある。最近は土地を確保するのがむずかしくなったため、新規の墓は本州式のものが多くなった。

沖縄には清明《しーみー》という先祖を祭る日がある。一族でお墓参りをし、そこで飲食を共にするという、沖縄の人にとってはとても大事な日だ。

沖縄の医者がいうには、その日は入院患者が半分以下に減ってしまうらしい。重病人でも、大事な日だからといって一時帰宅してしまう。いくら「外出しても生命の保証はできませんよ」といっても、「保証なんかしてくれなくてもいいよ」といってきかない。それほど先祖（死者）との結びつきを大事にしている。

私はつねづね「自分の墓はいらない」といっているが、沖縄の人にとって墓は大切な存在なのだろう。

生も死もほどほどに

昔はたいていの人は自宅の布団の上で死んだ。「畳の上で死にたい」とはよくいわれたことだ。しかも、親子3代同居が普通だったから、死というものがいつも身近に存在していた。

延命器具にがんじがらめにされた「スパゲティ症候群」にもならなかったし、人工呼吸器もなかったから、お医者さんが見れば、あとどのくらいかというのがわかった。「どうも今晩あたり」といわれると、親戚を集めて、しばらくはみんなで見守っている。そういうなかで、ほとんどはお医者さんがいうとおりに死んでいった。

いまは医者にも患者がいつ死ぬかわからなくなっているし、もとより本人は意識がなくなっている。だから、いまわの際《きわ》という感じがまるでない。

私の父は意識不明になってから1週間くらい生きていた。いつ死ぬかわからないというのもそれはそれで困ったもので、このまま持ち直すかもしれないと、ひとまずみんなして、それぞれの家に戻った。

そうしたら、姉から「いま死んだ」と電話がきた。結局、だれも死に目には会えなかった。病院は姉の家から歩いてたった2分くらいのところで、走って駆けつけたけれど、間に合わなかったと嘆《なげ》いていた。

母は父より先に亡くなったのだが、そのときはもうすぐ死にそうだというので、姉と私はずっとつき添っていた。

死んだときは、意識がなくなって、「ハアーッ、ハアーッ」と顎《あご》を上下させるものすごい呼吸をしたかと思うと、それがパタッと止まった。その瞬間、モニターの波形がツーッと平らになった。

「ああ、死んだな」と私は思った。姉があわてて看護師を呼びにいき、医者も駆けつけて、「人工呼吸しますか」と聞く。「いいよ、もう死んだんだから」と思っただけで言いはしなかったけれど、姉が丁重に断っていた。

延命措置が当たり前の時代になって、人はなかなか死ななくなった。それで死ぬ瞬間を看取るということがむずかしくなったんじゃないかと思う。

死ぬ瞬間というのも、じつはよくわからないらしい。呼吸停止と心停止にはズレがあるようで、呼吸が止まってもまだ死んでいない状態が少しつづくそうだ。私は死んだことがないから、本当のところはよくわからないけれど。

親の死に目に立ち会っていたのに、呼吸が止まったのを見て、あわてて死に装束《しょうぞく》を取りに帰ったら、そのあいだにまた呼吸が戻ったけれど、戻ってきたときには本当に死んでいたという話を聞いた。

死に際の様子がわからないために、勘違いして死に目に会えなかったという話である。

いまはほとんどが病院でしか死なないから、子どもだけでなく大人であっても死ぬというのがどういうことかわからない。

だから、おじいちゃん、おばあちゃんの最後のつとめは、孫や家族に自分が死ぬところを見せることではないか。そして、それはとても大事なことだと思う。

同居していても、死ぬところを幼い子どもに見せるのはよくないと外に連れ出したりする人もいるが、むしろそのほうがよくないと思う。

昔は自分のうちで、おばあちゃんが死ぬときには子どもがいて、孫がいて、親族みんなが見ていて、そのなかで死んだものだ。遺言のひとつも言ってね。

そういう光景がなくなって、日常から死が見えなくなってしまったこと、街なかから死が消えてしまったことは寂しい。

生も死もひとつながりになっての一生なのだ。生だけ、あるいは死だけを特別扱いせずに、ほどほどに受け止めるしかない。

近年、在宅死を望む人も増えてきた。国は医療費抑制のために在宅医療を推進しているから、家での看取りもこれから増えてくるだろう。

死んだらおしまいで結構

いまは自宅での臨終《りんじゅう》も少ないし、通夜や告別式も葬祭場など家の外でおこなわれるようになったから、ひとりひとりが死を、実感をもってじっくり見届けることができなくなっている。

がんの末期患者など薬をたくさん使っている人は、意識が混濁《こんだく》していてそのまま死んでしまうから、死にゆく人の最期の言葉を聞くということもあまりなくなった。

私の知り合いが40代の終わりくらいに食道がんで亡くなった。その彼が死ぬとき、本当に苦しくなって、つき添っていた奥さんに「もう逝《い》ってもいいかな」と聞いたそうだ。

お医者さんが終末期鎮静をほどこすと、そのまま眠るように旅立っていったという。

老衰あるいはそれに近い死に方をすると、そんなに苦しまずに逝けるようだ。そのためにも、ホスピスや緩和《かんわ》ケア病棟では治療のための医療はやめて、死ぬための医療をすすめている。

私個人としては「もうそろそろ俺は死ぬかな」というのがわかって、親しい人に別れを告げて、最期に虫採りの夢でも見ながら静かに逝けたらいいと思うが、無理かもしれねえな。

超高齢社会の日本はこれから多死社会に突入する。死はいまよりもっと身近なものになっていくだろう。しばらくは葬儀屋が儲かるな。

だんだん死が近づいてくる年代になると、死後の世界があるかのようなことを言う人が多くなってくるようだ。私は死後に何もなくてかまわないけれど、何もないと寂しいと思うだろうか。ただ、そんなことを言っているうちは、きっとまだ死なないと思う。

そのときがくるまで、楽しく酒を飲んで、だましだまし生きていく。そして、死んだらおしまい、というのがスッキリしていていい。

著者略歴

一九四七年、東京都に生まれる。生物学者。早稲田大学名誉教授。東京教育大学理学部卒業、東京都立大学大学院生物学専攻博士課程修了。構造主義生物学の見地から科学論・社会評論の執筆、テレビ番組（「ホンマでっか!?ＴＶ」）長期出演など幅広く活躍している。趣味は昆虫採集。カミキリムシ収集家としても知られる。

著書には『なぜ生物に寿命はあるのか?』（ＰＨＰ文庫）、『この世はウソでできている』（新潮文庫）、『真面目に生きると損をする』（角川新書）、『進化論の最前線』（集英社インターナショナル新書）、『ウソとマコトの自然学』（中公文庫）などがある。

ほどほどのすすめ

——強《つよ》すぎ・大《おお》きすぎは滅《ほろ》びへの道《みち》

二〇一八年六月九日　第一刷発行

著者　池田《いけだ》清彦《きよひこ》

発行者　古屋信吾

発行所　株式会社さくら舎　http://www.sakurasha.com

東京都千代田区富士見一-二-一一　〒一〇二-〇〇七一

電話　営業　〇三-五二一一-六五三三　ＦＡＸ　〇三-五二一一-六四八一

編集　〇三-五二一一-六四八〇　振替　〇〇一九〇-八-四〇二〇六〇

装丁　石間　淳

イラスト　中村典子

印刷・製本　中央精版印刷株式会社

ISBN978-4-86581-151-3

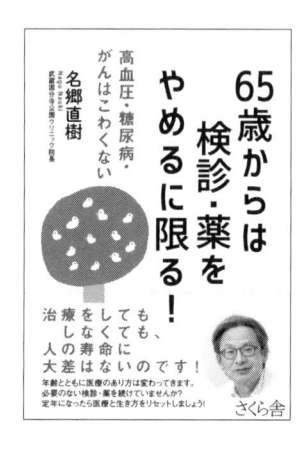